LE GUIDE ULTIME POUR PRÉPARER DES BEIGNETS FRITS PARFAITS

100 RECETTES DÉLICIEUSEMENT CROUSTILLANTES POUR CHAQUE OCCASION

Julia Caudron

Tous droits réservés.

Clause de non-responsabilité

Les informations contenues dans ce livre électronique sont destinées à servir de recueil complet de stratégies explorées par l'auteur de ce livre électronique. Les résumés, stratégies, conseils et astuces ne sont que les recommandations de l'auteur, et la lecture de ce livre électronique ne garantit pas que vos résultats refléteront avec précision les conclusions de l'auteur. L'auteur du livre électronique a fait tous les efforts raisonnables pour fournir des informations actuelles et exactes aux lecteurs du livre électronique. L'auteur et ses contributeurs ne peuvent être tenus responsables des erreurs ou omissions involontaires qui pourraient être trouvées. Le contenu du livre électronique peut contenir des informations provenant de tiers. Les documents tiers contiennent des opinions exprimées par leurs propriétaires. Le livre électronique est protégé par le droit d'auteur © 202 4 avec tous les droits réservés. Il est illégal de redistribuer, de copier ou de créer des œuvres dérivées de ce livre électronique en tout ou en partie. Aucune partie de ce rapport ne peut être reproduite ou redistribuée sous quelque forme que ce soit sans l'autorisation écrite expresse et signée de l'auteur.

TABLE DES MATIÈRES

TABLE DES MATIÈRES..3
INTRODUCTION..7

   1. BEIGNETS DE CAMEMBERT...9
   2. BEIGNETS DE CHOU-FLEUR ET CHEDDAR...12
   3. BEIGNETS DE POMMES DE TERRE FARCIS AU FROMAGE.......................15
   4. BEIGNETS DE POIRES ET CHEDDAR...18
   5. BEIGNETS DE RICOTTA ET DE CHÂTAIGNES...21
   6. BEIGNETS AU FROMAGE DE GRUYÈRE...24
   7. BEIGNETS DE MORUE, PALOURDES ET MAÏS..26
   8. BEIGNETS DE CONQUE...28
   9. BEIGNETS DE PALOURDES EN CONSERVE...31
   10. BEIGNETS DE CRABE ET D'AVOCAT..34
   11. BEIGNETS D'ÉCREVISSES..37
   12. BEIGNETS DE PALOURDES...39
   13. BEIGNETS DE RIZ BRUN..41
   14. BEIGNETS DE MAÏS..43
   15. BEIGNETS DE POIS AUX YEUX NOIRS...46
   16. BEIGNETS DE GOMBO...49
   17. BEIGNETS DE HARICOTS..51
   18. BEIGNETS DE PATATES DOUCES AU GINGEMBRE................................53
   19. BEIGNETS D'AUBERGINES...56
   20. BEIGNETS D'ARTICHAUTS...58
   21. BEIGNETS DE BLETTES À LA RHUBARBE...61
   22. BEIGNETS DE FIGUES..63
   23. SALADE MIXTE AUX BEIGNETS DE NAVET..66
   24. BEIGNETS DE COURGETTES EN DESSERT..69
   25. BEIGNETS DE POIREAUX..72
   26. BEIGNETS DE LENTILLES ET VINAIGRETTE À LA BETTERAVE.......75
   27. BEIGNET D'AUBERGINE..78

28. Beignets de carottes au curry..80
29. Beignets de petits pois frits...82
30. Beignets de pommes de terre farcis..84
31. Beignets de champignons...87
32. Beignets d'oignons..90
33. Pakor un..93
34. Beignets de panais et carottes..96
35. Beignets de patatine..99
36. Beignets de pommes de terre et de noix...101
37. Beignets de maïs aux huîtres...103
38. Beignets de thon..105
39. Beignets de poulet...107
40. Beignets de bœuf épais...110
41. Beignets d'oeufs avec haricots verts et macaroni..................................112
42. Beignets de maïs frais et saucisses...115
43. Beignets de maïs pour hot-dogs..118
44. Beignets de potiron..120
45. Beignets d'épinards..123
46. Beignets de tofu frits..126
47. Beignets de tomates..129
48. Beignets de fleurs de sureau...132
49. Beignets de fleurs de pissenlit...135
50. Beignets de fleurs de sureau...138
51. Beignets aux pétales de rose...141
52. Beignets de pommes hollandais..143
53. Beignets pomme-orange...145
54. Beignets de bananes à la pâte à tempura...148
55. Beignets d'abricots...151
56. Beignets de banane Benya..154
57. Beignet de langoustine et banane...157
58. Beignets de pêches en conserve...159
59. Beignets d'ananas des Caraïbes...162
60. Beignets de sureau..165
61. Beignets de fruits et légumes..167
62. Beignets de fruits à la sauce citron-bourbon...170
63. Beignets de pommes à l'espionne du Nord...173

64. Beignets d'ananas et de banane 176
65. Beignets de poires pochées 179
66. Beignets de cerises au rhum 182
67. Beignets de poisson-chat 185
68. Beignets de morue 188
69. Beignets de chair de poisson et de crabe 191
70. Beignets de crevettes au maïs indonésien 194
71. Beignets de courge spaghetti à l'italienne 197
72. Beignets de homard 200
73. Beignets de moules à la salsa 202
74. Beignets de poulpe 205
75. Beignet de crevettes 208
76. Beignets de viande coréens 210
77. Beignets de parmesan et de mozzarella 213
78. Beignets au fromage de Bâle 216
79. Beignets aux herbes avec trempette au yaourt et aux abricots 218
80. Beignets au fromage de Berne 221
81. Beignets de haricots, maïs et cheddar 223
82. Beignets de mozzarella et spaghetti 226
83. Beignets au fromage Emmental 229
84. Beignets de semoule de maïs et de cheddar 231
85. Beignets de riz 233
86. Beignets de myrtilles/maïs 236
87. Beignets de carnaval 239
88. Beignets de pois chiches avec salsa aux poires 242
89. Beignets de pois chiches au couscous 245
90. Beignets de maïs et de poivrons 248
91. Beignets de Hanoucca 251
92. Beignets de noix de pécan enrobés de chocolat 254
93. Beignets de choux 256
94. Beignets de pudding de Noël 259
95. Beignets français 261
96. Beignets à l'érable 264
97. Suvganiot 266
98. Beignets au vin 269
99. Beignets à la cannelle 271

100. Beignets de maïs avec sauce piquante..274
CONCLUSION..277

INTRODUCTION

Par définition, les beignets sont essentiellement des aliments frits classés en trois grandes catégories :

- Gâteaux frits à base de pâte chou ou de pâte levée.
- Morceaux de viande, de fruits de mer, de légumes ou de fruits enrobés d'une pâte et frits.
- Petits gâteaux d'aliments hachés dans de la pâte, comme des beignets de maïs.

Les beignets sont un aliment extrêmement polyvalent. Ils peuvent être utilisés comme plat d'accompagnement, comme entrée, comme collation ou comme dessert. Ils ont été introduits au Japon au XVIe siècle et sont devenus de plus en plus populaires au cours de cette décennie.

Conseils de base pour commencer

1. N'ayez pas peur de l'huile. Veillez à en mettre suffisamment dans la poêle, car elle contribuera à donner du croustillant, une belle couleur et une délicieuse saveur aux beignets.

2. Laissez grésiller ! Votre poêle doit être bien chauffée avant la cuisson. Si le beignet ne grésille pas lorsqu'il entre dans la poêle, vous savez qu'il n'est pas prêt !

3. Ne surchargez pas la poêle, car cela fait baisser la température de la poêle, ce qui donne des beignets mous et insuffisamment cuits.

1. Beignets de camembert

Rendement : 10 portions

INGRÉDIENTS

- 3 cuillères à soupe de beurre/margarine
- 3 cuillères à soupe de farine tout usage
- 1 tasse de lait
- 4 onces de fromage camembert
- Sel au goût
- Poivre de Cayenne au goût
- 1 gros œuf
- 1 cuillère à soupe de beurre/margarine
- ½ tasse de chapelure fine

INSTRUCTIONS

a) Faites fondre le beurre dans une casserole à fond épais à feu moyen. Ajoutez rapidement la farine. Ajoutez le lait petit à petit en remuant bien. Portez à ébullition, ajoutez le fromage à la sauce et remuez jusqu'à ce qu'il soit fondu. Ajoutez du sel et du poivre de Cayenne au goût.

b) Étalez le mélange sur une épaisseur de 1,9 cm (¾ po) sur une plaque à pâtisserie. Coupez le mélange de fromage en carrés.

c) Battez les œufs avec l'eau. Roulez les morceaux de fromage dans la chapelure, puis plongez-les dans le mélange d'œufs. Roulez-les à nouveau dans la chapelure et secouez pour éliminer l'excédent de chapelure.

d) Plongez les morceaux de fromage quelques-uns à la fois dans l'huile. Faites-les frire jusqu'à ce qu'ils soient dorés.

2. Beignets de chou-fleur et cheddar

Rendement : 24 portions

INGRÉDIENTS

- 1½ tasse de farine tout usage
- 2 cuillères à café de levure chimique
- ½ cuillère à café de sel
- 2 tasses de chou-fleur en dés
- 1 tasse de fromage cheddar râpé
- 1 cuillère à soupe d'oignon coupé en dés
- 1 gros œuf
- 1 tasse de lait
- Huile végétale

INSTRUCTIONS

a) Mélanger les 3 premiers ingrédients dans un grand bol ; incorporer le chou-fleur, le fromage et l'oignon.

b) Fouetter l'œuf et le lait. Ajouter au mélange de farine en fouettant jusqu'à ce que le mélange soit humidifié.

c) Versez de l'huile végétale jusqu'à une profondeur de 2 pouces dans un four hollandais; faites chauffer à 375 degrés F. Déposez la pâte par cuillère à soupe bombée dans l'huile et faites frire 1 minute de chaque côté ou jusqu'à ce que les beignets soient dorés. Égouttez bien sur du papier absorbant et servez immédiatement.

3. <u>Beignets de pommes de terre farcis au fromage</u>

Rendement : 5 portions

INGRÉDIENTS

- 2 livres de pommes de terre à cuire, cuites
- ⅓ tasse de beurre ramolli
- 5 Jaune d'oeuf
- 2 cuillères à soupe de persil
- 1 cuillère à café de sel
- ½ cuillère à café de poivre
- Pincée de noix de muscade
- 4 onces de fromage mozzarella
- Farine tout usage
- 2 gros œufs, légèrement battus
- 1½ tasse de chapelure italienne

INSTRUCTIONS

a) Mélanger les pommes de terre et le beurre dans un grand bol et battre à vitesse moyenne avec un batteur électrique jusqu'à obtenir une consistance lisse. Ajouter les jaunes d'œufs et les 4 ingrédients suivants en remuant bien.

Diviser le mélange de pommes de terre en 10 portions. Enrouler chaque portion autour d'une tranche de fromage et lui donner une forme ovale.

b) Saupoudrez légèrement chaque morceau de farine, trempez-le dans l'œuf battu et saupoudrez-le de chapelure italienne. Réfrigérez 20 minutes.

c) Versez l'huile dans un faitout jusqu'à une profondeur de 10 cm. Chauffez à 170 °C. Faites frire les beignets quelques-uns à la fois, pendant 8 minutes, en les retournant une fois.

4. Beignets de poires et cheddar

Rendement : 1 portion

INGRÉDIENTS

- 4 poires Bartlett moyennes, pelées
- 16 tranches de cheddar fort
- ½ tasse de farine tout usage
- 2 gros œufs battus pour mélanger
- 2 tasses de chapelure blanche fraîche

INSTRUCTIONS

a) Coupez 3 fines tranches verticales sur les côtés opposés de chaque poire ; jetez les noyaux.

b) En alternant les tranches de poire et de fromage, placez 2 tranches de fromage entre 3 tranches de poire pour chacun des 8 beignets. En tenant fermement chaque sandwich au fromage et à la poire, enrobez-le légèrement de farine, puis d'œufs, puis de chapelure, en l'enrobant complètement et en pressant la chapelure pour qu'elle adhère.

c) Versez l'huile dans une grande poêle épaisse jusqu'à 1 pouce de profondeur et faites chauffer à 350 °F. Faites cuire les beignets par lots jusqu'à ce qu'ils soient dorés, en les retournant avec une cuillère à fentes, environ 2 minutes de chaque côté. Égouttez-les sur du papier absorbant.

5. Beignets de ricotta et de châtaignes

Rendement : 4 portions

INGRÉDIENTS

- 1 tasse de ricotta fraîche
- 3 gros œufs
- $\frac{1}{2}$ tasse de fromage Parmigiano-Reggiano
- $\frac{1}{4}$ tasse de farine de châtaigne
- 1 tasse de châtaignes grillées finement hachées
- 1 boîte de filets d'anchois
- 6 gousses d'ail finement hachées
- $\frac{1}{2}$ tasse d'huile d'olive extra vierge
- 6 cuillères à soupe de beurre non salé
- 1 litre d'huile d'olive pure

INSTRUCTIONS

a) Dans un grand bol, mélangez le fromage ricotta, 2 œufs et $\frac{1}{2}$ tasse de Parmigiano Reggiano. Mélangez bien. Ajoutez la farine de châtaigne avec vos mains jusqu'à obtenir une pâte lisse semblable à celle des biscuits.

b) Dans un petit bol, battez l'œuf restant. Prenez une petite quantité du mélange de ricotta et formez une boule de 5 cm. Couvrez soigneusement la boule avec l'œuf battu et, pendant qu'il est encore humide, saupoudrez-la de châtaignes hachées.

c) Pendant ce temps, mélangez les anchois avec leur jus, l'ail et $\frac{1}{2}$ tasse d'huile d'olive dans une petite casserole et remuez à feu moyen. Écrasez les anchois pour obtenir une pâte. Incorporez le beurre 1 cuillère à soupe à la fois jusqu'à ce qu'il soit fondu et lisse.

d) Faire frire les boules de ricotta dans l'huile chaude jusqu'à ce qu'elles soient dorées

6. Beignets au fromage de gruyère

Rendement : 1 portion

INGRÉDIENTS

- 4 tranches de pain grillé, chacune de 1 3/8 pouces d'épaisseur
- $2\frac{1}{2}$ onces liquides de vin blanc
- $5\frac{1}{2}$ onces de fromage Gruyère, râpé
- 1 œuf
- Paprika
- Poivre

INSTRUCTIONS

a) Humidifiez les tranches de pain grillé avec un peu de vin et disposez-les sur une plaque à pâtisserie.

b) Mélangez le reste du vin avec le fromage, l'œuf et les épices jusqu'à obtenir une pâte assez épaisse et étalez-la sur le pain grillé.

c) Saupoudrez de paprika et de poivre. Faites cuire brièvement dans un four très chaud (230°C/thermostat 8) jusqu'à ce que le fromage commence à fondre, servez immédiatement.

7. Beignets de morue, palourdes et maïs

Rendement : 1 portion

INGRÉDIENTS

- 2 œufs bien battus
- ¼ tasse de liquide de palourdes
- ¼ tasse de lait
- 1 cuillère à soupe d'huile
- 1½ tasse de farine
- 1 cuillère à café de levure chimique
- Sel au goût
- 1 tasse de maïs en grains bien drainé
- ½ tasse de palourdes hachées bien égouttées

INSTRUCTIONS

a) Battre les œufs, ajouter le lait, le liquide de palourdes, l'huile et battre jusqu'à ce que le tout soit bien mélangé.

b) Incorporer la farine, la levure chimique et le sel au goût. Battre jusqu'à ce que le tout soit bien mélangé. Ajouter le maïs et les palourdes. Déposer des cuillerées à soupe bien bombées dans l'huile chaude. Cuire jusqu'à ce que les deux côtés soient dorés. Égoutter sur du papier absorbant.

8. Beignets de conque

Rendement : 50 portions

INGRÉDIENTS

- 2 livres de conque, finement hachée
- 1 tasse de jus de citron vert
- ¼ tasse d'huile d'olive
- 1 poivron vert
- 1 poivron rouge
- 1 gros oignon, haché finement
- 4 œufs battus
- 2 tasses de farine
- 1 cuillère à café de sel
- 1 cuillère à café d'assaisonnement cajun
- 6 traits de sauce Tabasco
- 3 cuillères à café de levure chimique
- 5 cuillères à soupe de margarine fondue
- Huile végétale pour friture

INSTRUCTIONS

a) Faire mariner les conques dans 1 tasse de jus de citron vert et ¼ tasse d'huile d'olive pendant au moins 30 minutes ; égoutter.

b) Mélanger tous les ingrédients ensemble. Faire revenir dans de l'huile végétale CHAUDE jusqu'à ce qu'ils soient dorés, environ 3 à 5 minutes. Servir avec une sauce cocktail rouge ou une sauce tartare.

9. Beignets de palourdes en conserve

Rendement : 12 portions

INGRÉDIENTS

- 1 œuf bien battu
- $\frac{1}{2}$ cuillère à café de sel
- $\frac{1}{8}$ cuillère à café de poivre noir
- ⅔ tasse de farine de blé blanche
- 1 cuillère à café de levure chimique
- $\frac{1}{4}$ tasse de bouillon de palourdes en conserve ou de lait
- 1 cuillère à soupe de beurre fondu
- 1 tasse de palourdes en conserve hachées; égouttées
- Huile ou beurre clarifié
- $\frac{1}{4}$ tasse de crème sure ou de yogourt
- 1 cuillère à café d'aneth, d'estragon ou de thym

INSTRUCTIONS

a) Mélangez délicatement tous les ingrédients, en ajoutant les palourdes en dernier. Déposez 2 cuillères à soupe bombées par beignet sur une plaque chauffante graissée ou une poêle en fonte.

b) Lorsque les bulles éclatent, retournez les beignets.

c) Servir chaud avec une cuillerée de crème sure aux herbes, du yaourt ou de la sauce tartare.

10. Beignets de crabe et d'avocat

Rendement : 4 portions

INGRÉDIENTS

- 2 livres de chair de crabe
- Sel
- 1 tasse d'oignons verts coupés en dés
- ¼ tasse de chapelure sèche
- 1 avocat moyen, pelé et coupé
- Huile de maïs pour friture
- Farine tout usage
- Oignon vert finement émincé
- 2 oeufs
- ½ tasse de salsa au piment fort

INSTRUCTIONS

a) Mélanger le crabe, 1 tasse d'oignons verts et l'avocat dans un grand bol. Mélanger les œufs, la salsa et le sel et ajouter au crabe. Incorporer la chapelure. Former des boules de 1½ pouce.

b) Versez l'huile dans une grande poêle jusqu'à une profondeur de 3 pouces.

c) Chauffer à 350 degrés

d) Saupoudrez les beignets de farine. Ajoutez délicatement de l'huile par lots (sans les surcharger) et faites cuire jusqu'à ce qu'ils soient dorés, environ 2 minutes de chaque côté.

e) Égouttez-les sur du papier absorbant. Transférez-les sur la plaque préparée et gardez-les au chaud au four jusqu'à ce qu'ils soient cuits. Garnissez-les de lamelles d'oignon vert et servez immédiatement

11. Beignets d'écrevisses

Rendement : 6 portions

INGRÉDIENTS

- 1 tasse de queues d'écrevisses
- $\frac{1}{4}$ tasse de piments, hachés
- $\frac{1}{4}$ tasse d'oignons verts, hachés
- 2 tasses de farine
- 1 cuillère à café de bicarbonate de soude
- $\frac{1}{2}$ cuillère à café de sel
- $\frac{1}{2}$ cuillère à café de bouillon de crabe liquide
- $\frac{1}{2}$ tasse de bouillon ou d'eau
- Huile pour friture

INSTRUCTIONS

a) Ajoutez les piments et les oignons verts aux écrevisses. Tamisez la farine, le bicarbonate de soude et le sel ensemble et ajoutez-les aux écrevisses. Ajoutez du bouillon ou de l'eau et mélangez pour obtenir une pâte épaisse. Couvrez et laissez reposer pendant $\frac{1}{2}$ heure.

b) Déposez la pâte à la cuillère et faites-la frire jusqu'à ce qu'elle soit dorée.

12. Beignets de palourdes

Rendement : 4 portions

INGRÉDIENTS

- 1 pinte de palourdes
- 1 cuillère à soupe de levure chimique
- 1½ cuillère à café de sel
- 1 tasse de lait
- 1 cuillère à soupe de beurre
- 1¾ tasse de farine tout usage
- 1 cuillère à café de persil haché
- 2 œufs battus
- 2 cuillères à café d'oignon râpé

INSTRUCTIONS

a) Mélanger les ingrédients secs. Mélanger les œufs, le lait, l'oignon, le beurre et les palourdes. Mélanger avec les ingrédients secs et remuer jusqu'à obtenir une consistance lisse. Déposer la pâte à l'aide d'une cuillère à café dans le shortening chaud à 350 degrés F et faire frire pendant 3 minutes ou jusqu'à ce qu'elle soit dorée.

b) Égoutter sur du papier absorbant.

13. Beignets de riz brun

Rendement : 6 portions

INGRÉDIENTS

- 2 tasses Riz brun à grains courts cuit
- ½ tasse Sucre
- 3 œufs battus
- ½ cuillère à café de sel
- ¼ cuillère à café Vanille
- 6 cuillères à soupe de farine
- ½ cuillère à café de noix de muscade
- 3 cuillères à café de levure chimique

INSTRUCTIONS

a) Mélangez le riz, les œufs, la vanille et la muscade.

b) Tamisez les ingrédients secs ensemble et incorporez-les au mélange de riz. Déposez-les à la cuillère dans la graisse profonde chaude (360) et faites-les frire jusqu'à ce qu'ils soient dorés.

c) Égoutter sur du papier absorbant, saupoudrer de sucre glace et servir chaud

14. Beignets de maïs

Rendement : 4 portions

INGRÉDIENTS

- 10 onces Crème glacée géante verte façon crème glacée
- Huile de maïs pour friture
- ½ tasse Farine
- ½ tasse Semoule de maïs jaune
- 1 cuillère à café Levure chimique
- 1 cuillère à café Oignon haché instantané
- ½ cuillère à café Sel
- 2 oeufs

INSTRUCTIONS

a) Placez le sachet de maïs non ouvert dans de l'eau tiède pendant 10 à 15 minutes pour le décongeler.

b) Dans une friteuse ou une casserole à fond épais, faites chauffer 2 à 3 pouces d'huile à 375 degrés. Dans un bol moyen, mélangez le maïs décongelé et les ingrédients restants ; remuez jusqu'à ce que le tout soit bien mélangé.

c) Déposez la pâte par cuillerées à soupe dans l'huile chaude à 375 degrés. Faites frire 2 à 3 minutes ou jusqu'à ce qu'elle soit dorée. Égouttez sur du papier absorbant

15. Beignets de pois aux yeux noirs

Rendement : 20 portions

INGRÉDIENTS

- ½ livre de   pois à œil noir, trempés
- 4 gousses d'ail écrasées
- 2 cuillères à café de sel
- 1 cuillère à café de poivre noir
- 4 cuillères à soupe d'eau
- Huile pour friture
- Jus de citron vert au goût

INSTRUCTIONS

a) Lorsque les pois sont ramollis, frottez-les pour en retirer la peau et laissez-les tremper pendant 30 minutes supplémentaires.

b) Égoutter et rincer.

c) Dans un robot culinaire, mélanger les pois, l'ail, le sel et le poivre

d) purée lisse et épaisse .

e) Préchauffer le four à 250°F. Dans une grande poêle, faire chauffer 2 à 3 pouces d'huile et faire frire 1 bac de pâte jusqu'à ce qu'elle soit dorée. Répéter jusqu'à ce que toute la pâte ait été frite de cette façon. Garder au four pour garder au chaud. Servir bien chaud, saupoudré de sel et de jus de citron vert.

16. Beignets de gombo

Rendement : 1 portion

INGRÉDIENTS

- 1 tasse de farine non blanchie tamisée
- 1½ cuillère à café de levure chimique
- 2 cuillères à café de sel
- ¼ cuillère à café de poivre noir moulu
- ¼ cuillère à café de noix de muscade râpée
- 1 pincée de piment de Cayenne
- 2 tasses de gombo frais - finement tranché

INSTRUCTIONS

a) Bien mélanger les ingrédients

b) Plongez-les dans l'huile à l'aide d'une cuillère à café. Faites-les cuire jusqu'à ce qu'elles soient dorées, 3 à 5 minutes, jusqu'à ce qu'elles remontent à la surface, puis retournez-les.

c) Égoutter sur du papier absorbant et servir chaud avec une sauce à tremper si désiré.

17. Beignets de haricots

Rendement : 24 beignets

INGRÉDIENTS

- 1 tasse de pois à œil noir
- 2 piments rouges, forts, épépinés et hachés
- 2 cuillères à café de sel
- Huile végétale pour friture

INSTRUCTIONS

a) Faire tremper les haricots toute la nuit dans de l'eau froide. Égoutter, frotter et jeter la peau, recouvrir à nouveau les haricots d'eau froide et laisser tremper pendant 2 à 3 heures supplémentaires. Égoutter, rincer et passer au hachoir à viande en utilisant la lame la plus fine, ou réduire petit à petit dans un mixeur électrique. Broyer les poivrons. Ajouter le sel et les poivrons aux haricots et battre avec une cuillère en bois jusqu'à ce qu'ils soient légers et mousseux et qu'ils aient considérablement augmenté de volume.

b) Chauffer l'huile dans une poêle à fond épais et faire revenir le mélange par cuillerées à soupe jusqu'à ce qu'il soit doré des deux côtés. Égoutter sur du papier absorbant. Servir chaud en accompagnement de boissons.

18. Beignets de patates douces au gingembre

Rendement : 1 portion

INGRÉDIENTS

- A; (1/2 livre) de patate douce
- $1\frac{1}{2}$ cuillère à café de gingembre frais pelé et haché
- 2 cuillères à café de jus de citron frais
- $\frac{1}{4}$ cuillère à café de flocons de piment rouge séché
- $\frac{1}{4}$ cuillère à café de sel
- 1 gros œuf
- 5 cuillères à soupe de farine tout usage
- Huile végétale pour friture

INSTRUCTIONS

a) Dans un robot culinaire, hachez finement la patate douce râpée avec le gingembre, le jus de citron, les flocons de piment rouge et le sel, ajoutez l'œuf et la farine et mélangez bien le mélange.

b) Dans une grande casserole, faites chauffer $1\frac{1}{2}$ pouce d'huile et déposez des cuillères à soupe du mélange de patates douces dans l'huile jusqu'à ce qu'elles soient dorées.

c) Transférer les beignets sur du papier absorbant pour les égoutter.

19. Beignets d'aubergines

Rendement : 6 portions

INGRÉDIENTS

- 2 œufs battus
- Sel au goût
- 2 cuillères à soupe   de lait
- 2 aubergines (aubergines), coupées en fines tranches
- Huile pour friture

INSTRUCTIONS

a) Mélangez les œufs, le sel et le lait pour faire une pâte.

b) Trempez les tranches d'aubergine dans la pâte et faites-les frire dans l'huile à feu moyen jusqu'à ce qu'elles soient uniformément dorées.

20. Beignets d'artichauts

Rendement : 6 portions

INGRÉDIENTS

- ½ livre de cœurs d'artichauts, cuits et coupés en dés
- 4 œufs, séparés
- 1 cuillère à café de levure chimique
- 3 oignons verts, hachés
- 1 cuillère à soupe de zeste de citron râpé
- ½ tasse de farine
- Sel et poivre au goût
- 1 cuillère à soupe de fécule de maïs
- 4 tasses d'huile pour la friture, d'huile d'arachide ou de maïs

INSTRUCTIONS

a) Mettre les cœurs d'artichauts dans un grand bol et incorporer les jaunes d'œufs et la levure chimique. Ajouter l'oignon vert. Incorporer le zeste de citron. Mélanger la farine, le sel et le poivre. Dans un autre bol, battre les blancs d'œufs et la fécule de maïs jusqu'à ce que des pics se forment. Incorporer les blancs d'œufs au mélange d'artichauts.

b) À l'aide d'une cuillère à soupe, déposez des cuillerées de pâte à beignets de la taille d'une demi-dollar dans l'huile. Faites frire jusqu'à ce qu'elles soient dorées.

c) Retirer les beignets à l'aide d'une écumoire et égoutter sur du papier absorbant.

21. Beignets de blettes à la rhubarbe

Rendement : 1 portion

INGRÉDIENTS

- 8 tiges de rhubarbe et de blettes
- 1 tasse de farine
- ½ cuillère à café de sel
- ⅛ cuillère à café de paprika
- 1 œuf légèrement battu
- 2 cuillères à soupe d'huile ou de beurre fondu
- ⅔ tasse de lait
- Huile pour friture

INSTRUCTIONS

a) Mélanger la farine, le sel, le paprika, l'œuf, l'huile ou le beurre et le lait.

b) Trempez les morceaux de tige dans cette pâte, en les recouvrant bien. Faites frire dans une friteuse chauffée à 375 °F ou jusqu'à ce que la température soit suffisamment élevée pour faire dorer un cube de pain de 1 pouce en 1 minute.

c) Égoutter sur du papier brun dans un four chaud

22. Beignets de figues

Rendement : 24 figues

INGRÉDIENTS

- 24 figues mûres et fermes
- 2 œufs, séparés
- $\frac{5}{8}$ tasse de lait
- 1 cuillère à soupe d'huile
- 1 pincée de sel
- Zeste de citron râpé
- $20\frac{1}{2}$ onces de farine
- 1 cuillère à soupe de sucre
- Huile pour friture

INSTRUCTIONS

a) Dans un bol, battre les jaunes d'œufs avec le lait, l'huile, le sel et le zeste de citron. Incorporer la farine et le sucre et bien mélanger. Réfrigérer la pâte pendant 2 heures.

b) Battez les blancs en neige et incorporez-les à la pâte. Trempez les figues dans la pâte et faites-les frire dans l'huile bien chaude jusqu'à ce qu'elles soient bien dorées.

c) Égouttez-les brièvement et saupoudrez-les de sucre. Les abricots, les bananes et d'autres fruits peuvent être préparés de la même manière.

23. Salade mixte aux beignets de navet

Rendement : 6 portions

INGRÉDIENTS

- ¼ tasse de beurre
- 1 tasse d'oignon haché
- 1 tasse d'oignons verts hachés
- 2 branches de céleri, hachées
- 2 cuillères à soupe de racine de gingembre finement hachée
- 2 gousses d'ail, finement hachées
- 1 livre de jeunes navets avec des tiges vertes
- 10 tasses d'eau
- 2 cubes de bouillon de poulet extra-larges
- ½ tasse de vin blanc sec ou d'eau
- ¼ tasse de fécule de maïs
- 6 tasses de feuilles d'épinards fraîches entières emballées
- 1¼ cuillère à café de poivre noir moulu
- ½ cuillère à café de sel
- ¼ tasse de farine tout usage non tamisée
- 1 gros œuf légèrement battu

- Huile végétale pour friture

INSTRUCTIONS

a) Préparez les légumes verts.

b) Râpez grossièrement les navets refroidis. Mélangez les navets râpés, la farine, l'œuf et le reste de poivre et de sel.

c) Ajoutez une cuillère à café pleine de mélange de beignets dans la poêle et faites frire, en retournant, jusqu'à ce qu'ils soient dorés des deux côtés.

24. Beignets de courgettes en dessert

Rendement : 2 portions

INGRÉDIENTS

- 2 oeufs
- ⅔ tasse de fromage cottage faible en gras
- 2 tranches de pain blanc ou WW émietté
- 6 cuillères à café de sucre
- 1 pincée de sel
- ½ cuillère à café de levure chimique
- 2 cuillères à café d'huile végétale
- 1 cuillère à café d'extrait de vanille
- ½ cuillère à café de cannelle moulue
- ¼ cuillère à café de noix de muscade moulue
- ⅛ cuillère à café de piment de la Jamaïque moulu
- 2 cuillères à soupe de raisins secs
- 1 tasse de courgettes enfin râpées et non pelées

INSTRUCTIONS

a) Mélanger tous les ingrédients sauf les raisins secs et les courgettes. Mélanger jusqu'à obtenir une consistance lisse. Verser le mélange dans un bol. Incorporer les courgettes et les raisins secs au mélange d'œufs.

b) Préchauffez une poêle antiadhésive ou une plaque chauffante à feu moyen-élevé. Déposez la pâte sur la plaque chauffante à l'aide d'une grande cuillère, pour former des galettes de 10 cm. Retournez soigneusement les beignets lorsque les bords semblent secs.

25. Beignets de poireaux

Rendement : 4 portions

INGRÉDIENTS

- 4 tasses de poireaux hachés (environ 2 livres)
- 1 cuillère à soupe d'huile végétale
- 1 cuillère à soupe de beurre
- 2 tasses d'oseille hachée
- 2 oeufs
- ¼ tasse de farine
- ¼ cuillère à café de zeste de citron séché
- ¼ cuillère à café de poudre de curry sucré
- ¼ cuillère à café de poivre blanc
- ½ cuillère à café de sel
- Crème aigre

INSTRUCTIONS

a) Faire revenir les poireaux dans l'huile et le beurre pendant environ 7 minutes, jusqu'à ce qu'ils soient cuits, mais pas dorés.

b) Ajoutez l'oseille et laissez cuire encore 7 minutes environ, jusqu'à ce qu'elle soit fanée. Une fois refroidie, fouettez ensemble les œufs, la farine et les assaisonnements. Ajoutez-la aux poireaux.

c) Dans une sauteuse, faites chauffer environ $\frac{1}{4}$ tasse d'huile végétale. Versez-y suffisamment de mélange de poireaux pour faire une crêpe de $2\frac{1}{2}$ à 3 pouces. Faites cuire 2 à 3 minutes du premier côté, jusqu'à ce qu'il soit légèrement doré, retournez et faites cuire environ 2 minutes du deuxième côté.

d) Égoutter sur du papier absorbant et servir.

26. Beignets de lentilles et vinaigrette à la betterave

Rendement : 4 portions

INGRÉDIENTS

- ¼ livre de lentilles rouges cuites
- 1 cuillère à soupe d'aneth frais haché
- 1 cuillère à café de paprika
- ½ cuillère à café de sel
- ¾ livres de pommes de terre rouges pelées
- Huile d'olive; pour la friture
- ¼ livre de feuilles de betteraves vertes; tiges retirées
- 1 cuillère à soupe de vinaigre balsamique
- ½ cuillère à café de moutarde moulue sur pierre
- ½ cuillère à café de câpres
- Sel
- Poivre noir fraîchement moulu
- 3 cuillères à soupe d'huile d'olive extra vierge

INSTRUCTIONS

a) Mettez la purée de lentilles dans un bol, ajoutez l'aneth, le paprika et ½ cuillère à café de sel. Râpez les pommes de terre dans le bol et mélangez.

b) Formez des beignets de la taille d'un demi-dollar avec le mélange de lentilles et faites-les frire dans une fine couche d'huile jusqu'à ce qu'ils soient dorés.

c) Vinaigrette : Dans un petit bol, verser le vinaigre, la moutarde, les câpres, le sel et le poivre. Incorporer l'huile d'olive en fouettant jusqu'à ce que le tout soit bien mélangé. Faire bouillir les feuilles de betterave dans de l'eau salée jusqu'à ce qu'elles soient fanées. Servir

27. Beignet d'aubergine

Rendement : 4 portions

INGRÉDIENTS

- 1 petite aubergine
- 1 cuillère à café de vinaigre
- 1 œuf
- ¼ cuillère à café de sel
- 3 cuillères à soupe de farine
- ½ cuillère à café de levure chimique

INSTRUCTIONS

a) Peler et trancher les aubergines. Les faire cuire jusqu'à ce qu'elles soient tendres dans de l'eau bouillante salée. Ajouter le vinaigre et laisser reposer une minute pour éviter toute décoloration. Égoutter les aubergines et les écraser.

b) Incorporez les autres ingrédients et déposez-les dans la graisse chaude à l'aide d'une cuillère, en les retournant pour qu'ils brunissent uniformément. Égouttez-les bien sur du papier absorbant et gardez-les au chaud.

c) On peut ajouter des oignons finement hachés, du persil, etc.

28. Beignets de carottes au curry

Rendement : 1 portion

INGRÉDIENTS

- ½ tasse de farine
- 1 œuf légèrement battu
- 1 cuillère à café de poudre de curry
- ½ livre de carottes
- ¼ cuillère à café de sel
- ½ tasse de bière plate
- 1 blanc d'oeuf

INSTRUCTIONS

a) Mélanger la farine, le sel, l'œuf, 1 cuillère à soupe d'huile végétale et la bière pour obtenir une pâte lisse.

b) Incorporez la poudre de curry. Battez les blancs d'œufs en neige et incorporez-les à la pâte. Incorporez délicatement les carottes.

c) Déposez une grosse cuillerée du mélange dans de l'huile végétale à 375 degrés et faites cuire environ une minute de chaque côté.

29. Beignets de petits pois frits

Rendement : 4 portions

INGRÉDIENTS

- 2 tasses de pois des champs (cuits)
- 1 tasse de farine
- 2 cuillères à café de levure chimique
- 1 cuillère à café de poivre
- $\frac{1}{2}$ cuillère à café de sel
- 1 cuillère à soupe de poudre de curry
- 2 oeufs
- $1\frac{1}{2}$ tasse de lait

INSTRUCTIONS

a) Mélanger tous les ingrédients secs. Battre les œufs et le lait. Ajouter au mélange de farine. Incorporer délicatement les petits pois cuits.

b) Déposez-les dans un bain de graisse chaude de 1,9 cm ($\frac{3}{4}$ po). Faites-les frire jusqu'à ce qu'elles soient légèrement dorées. Pour 4 à 5 personnes

30. Beignets de pommes de terre farcis

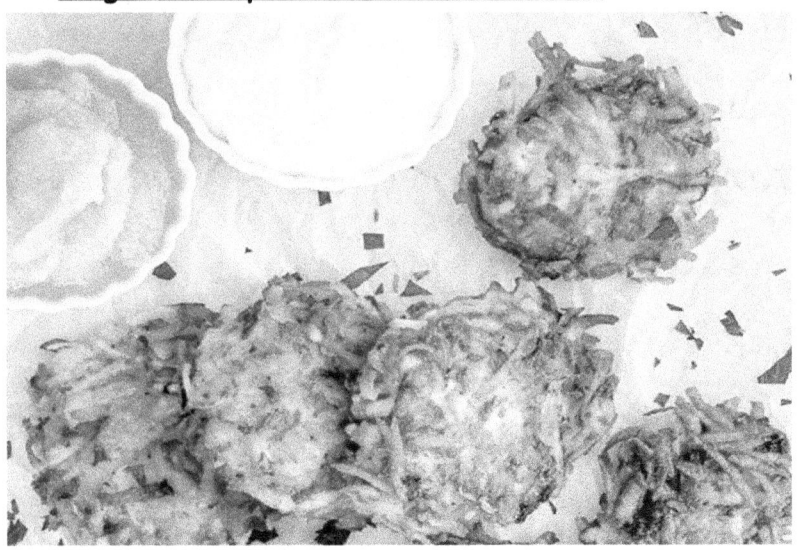

Rendement : 1 portion

INGRÉDIENTS

- ¼ tasse d'huile de maïs
- 3 oignons moyens (1-1/2 tasses) ; hachés
- 1 livre de boeuf haché
- 1 cuillère à café de sel
- ½ cuillère à café de poivre
- 3 livres de pommes de terre cuites et écrasées
- 1 œuf battu
- 1 cuillère à café de sel; ou au goût
- ½ cuillère à café de cannelle moulue
- ½ cuillère à café de poivre
- 1 tasse de farine de Matzoh

INSTRUCTIONS

a) Chauffer l'huile dans une poêle et faire revenir les oignons à feu moyen jusqu'à ce qu'ils soient dorés. Ajouter le boeuf, le sel et le poivre et faire revenir jusqu'à ce que le mélange soit sec et que tout le liquide se soit évaporé. Ajouter la purée de pommes de terre.

b) Façonnez $\frac{1}{2}$ tasse de pâte de pommes de terre en un cercle dans la paume de la main. Placez 1 généreuse farce au centre et repliez la pâte pour obtenir une forme de saucisse légèrement aplatie

c) Faire revenir à la poêle dans l'huile à feu moyen jusqu'à ce qu'ils soient dorés des deux côtés.

31. Beignets de champignons

Rendement : 6 portions

INGRÉDIENTS

- 1 tasse de farine tout usage
- 1 canette de bière de 12 oz
- 1½ cuillère à café de sel
- ¼ cuillère à café de poivre noir
- 1 cuillère à café de paprika
- 1 livre de champignons
- Jus de citron
- Sel
- 4 tasses d'huile pour la friture

INSTRUCTIONS

a) Préparez la pâte en mélangeant tous les ingrédients sauf les champignons, le sel et le citron jusqu'à obtenir une consistance lisse.

b) Arrosez les champignons avec un peu de jus de citron et de sel.

c) Trempez un champignon dans la pâte et faites-le cuire dans l'huile chaude jusqu'à ce qu'il soit doré. Conservez les champignons déjà cuits sur une plaque recouverte de papier absorbant dans un four doux.

32. Beignets d'oignons

Rendement : 6 portions

INGRÉDIENTS

- 1½ tasse de farine de lentilles ou de pois chiches
- 1 cuillère à café de sel ou au goût
- 1 pincée de bicarbonate de soude
- 1 cuillère à soupe de riz moulu
- Pincée de cumin/poudre de piment/coriandre
- 1 à 2 piments verts frais
- 2 gros oignons, coupés en rondelles et séparés
- Huile pour friture

INSTRUCTIONS

a) Tamisez la farine et ajoutez le sel, le bicarbonate de soude, le riz moulu, le cumin, la coriandre, la poudre de chili et les piments verts ; mélangez bien. Ajoutez ensuite les oignons et mélangez bien.

b) Ajoutez progressivement l'eau et continuez à mélanger jusqu'à ce qu'une pâte molle et épaisse se forme.

c) Faites chauffer l'huile et faites frire les beignets doucement pour vous assurer que la pâte au centre reste moelleuse, tandis que l'extérieur devient doré et croustillant. Cela devrait prendre environ 12 à 12 minutes par lot.

d) Égouttez les beignets sur du papier absorbant.

33. Pakor un

Rendement : 12 portions

INGRÉDIENTS

- 1 tasse de farine de pois chiches
- ½ tasse de farine tout usage non blanchie
- ½ cuillère à café de bicarbonate de soude
- ¾ cuillère à café de crème de tartre
- ¼ cuillère à café de sel de mer
- 1 cuillère à café de poudre de cumin et de poudre de coriandre
- 1 cuillère à café de curcuma et de poivre de Cayenne
- 2 cuillères à soupe de jus de citron
- 1 tasse de pommes de terre tranchées
- 1 tasse de fleurons de chou-fleur
- 1 tasse de poivron haché

INSTRUCTIONS

a) Mélanger les farines, le bicarbonate de soude, la crème de tartre, le sel et les épices.

b) Incorporez progressivement l'eau et le jus de citron jusqu'à obtenir une pâte lisse ayant la consistance d'une crème épaisse. Réservez.

c) Trempez les légumes dans la pâte pour les enrober. Plongez-les dans l'huile chaude en les retournant pour les faire cuire uniformément, jusqu'à ce qu'ils soient dorés, environ 5 minutes. Retirez-les avec une écumoire et égouttez-les sur du papier absorbant.

34. Beignets de panais et carottes

Rendement : 4 portions

INGRÉDIENTS

- 225 grammes de panais râpé
- 2 carottes moyennes râpées
- 1 oignon râpé
- 3 cuillères à soupe de ciboulette fraîche ciselée
- Sel et poivre noir fraîchement moulu
- 2 œufs moyens
- ½ paquet de saucisses de porc
- 100 grammes de cheddar fort
- 40 grammes de farine ordinaire
- 2 cuillères à soupe de persil frais haché

INSTRUCTIONS

a) Mélangez les panais, les carottes, l'oignon, la ciboulette, l'assaisonnement et un œuf jusqu'à ce que le mélange soit homogène. Divisez en quatre et aplatissez-les pour obtenir des crêpes grossières.

b) Faites chauffer une grande poêle et faites cuire les saucisses pendant 10 minutes, en les retournant de temps en temps jusqu'à ce qu'elles soient dorées.

c) Pendant ce temps, ajoutez les crêpes dans la poêle et faites-les frire pendant 3 minutes de chaque côté jusqu'à ce qu'elles soient dorées.

d) Mélanger les ingrédients restants pour former une pâte ferme et rouler en forme de grosse bûche. Couper en quatre. Hacher les saucisses et les répartir dans les beignets. Garnir chaque beignet d'une tranche de fromage.

e) Placer sous le gril préchauffé et cuire pendant 5 à 8 minutes jusqu'à ce que le mélange bouillonne et fonde. Servir immédiatement garni de ciboulette et de chutney.

35. Beignets de patatine

Rendement : 4 portions

INGRÉDIENTS

- 1 livre   de pommes de terre Russet
- 4 litres d'huile d'olive vierge
- Sel et poivre

INSTRUCTIONS

a) Coupez les pommes de terre en tranches de la taille d'un doigt et de taille égale et placez-les dans de l'eau froide nouvelle.

b) Chauffer l'huile à 385 F dans une casserole, doubler le volume d'huile

c) Ajoutez les pommes de terre une poignée à la fois et faites-les cuire jusqu'à ce qu'elles soient dorées. Retirez-les et égouttez-les sur du papier, assaisonnez de sel et de poivre et servez avec de la mayonnaise

36. Beignets de pommes de terre et de noix

Rendement : 4 portions

INGRÉDIENTS

- 2 pommes de terre à bouillir
- Sel
- 2 gros œufs
- ½ tasse de noix hachées
- Poivre fraîchement moulu
- 5 tasses d'huile végétale, pour la friture

INSTRUCTIONS

a) Chauffer l'huile pour la friture à 360 degrés

b) Préparez des beignets à partir du mélange, mais ne les entassez pas dans l'huile. Faites-les frire 2 à 3 minutes ou jusqu'à ce qu'ils soient dorés de tous les côtés.

c) Transférer sur un plateau recouvert de papier absorbant.

37. Beignets de maïs aux huîtres

Rendement : 1 portion

INGRÉDIENTS

- 2 tasses de pulpe de maïs
- 2 œufs, séparés
- ¼ cuillère à café de poivre
- 2 cuillères à soupe de farine
- ½ cuillère à café de sel

INSTRUCTIONS

a) Vous pouvez utiliser du maïs frais ou en conserve. Ajoutez à la pulpe de maïs les jaunes d'œufs battus, la farine et l'assaisonnement. Ajoutez les blancs d'œufs battus en neige et mélangez.

b) Déposez-en par cuillerées de la taille d'une huître dans une poêle chaude beurrée et faites dorer.

38. Beignets de thon

Rendement : 3 portions

INGRÉDIENTS

- 1 tasse de farine
- 1 cuillère à café de levure chimique
- ½ cuillère à café de sel
- 2 oeufs
- ¼ tasse de lait
- 1 boîte de thon, égoutté et émietté
- Taille de 6 1/2 ou 7 oz
- Flocons d'oignon séchés
- Huile pour friture

INSTRUCTIONS

a) Tamisez la farine, la levure chimique et le sel dans un saladier. Battez bien les œufs. Ajoutez le lait. Mélangez les ingrédients liquides avec les ingrédients secs.

b) Remuer jusqu'à ce que toute la farine soit humidifiée. Incorporer le thon. Déposer une cuillerée à café dans l'huile chaude, à 190 degrés. Faire frire jusqu'à ce que le tout soit doré. Égoutter sur du papier absorbant.

39. Beignets de poulet

Rendement : 6 portions

INGRÉDIENTS

- 20   minutes de préparation
- 2 tasses de poulet cuit finement haché
- 1 cuillère à café de sel
- 2 cuillères à café de persil frais haché
- 1 cuillère à soupe de jus de citron
- 1 tasse de moutarde sèche
- 1 tasse de vinaigre de vin blanc
- 2 œufs battus minutes de cuisson
- $1\frac{1}{4}$ tasse de farine
- 2 cuillères à café de levure chimique
- ⅔ tasse de lait
- ¾ tasse de miel
- ¼ cuillère à café de sel

INSTRUCTIONS

a) Dans un grand bol, mélanger le poulet avec le sel, le persil et le jus de citron. Laisser reposer 15 minutes. Dans un autre grand bol, mélanger la farine, la levure chimique, l'œuf et le lait. Remuer pour bien mélanger.

b) Ajoutez le mélange de farine au poulet et mélangez bien.

c) Déposez la pâte par cuillerées à soupe dans l'huile chaude et faites-la frire par lots sans la surcharger pendant 2 minutes, jusqu'à ce qu'elle soit dorée. Égouttez-la sur du papier absorbant et servez-la avec de la moutarde au miel pour tremper.

d) Préparez la moutarde au miel

40. Beignets de bœuf épais

Rendement : 5 portions

INGRÉDIENTS

- 2 livres de rôti de bœuf cuit non assaisonné
- 6 cuillères à soupe de lait
- 1 cuillère à soupe de farine tout usage non blanchie
- 3 gros œufs battus chacun
- 1½ tasse de farine auto-levante
- 4 cuillères à café de sel
- ¼ cuillère à café de poivre

INSTRUCTIONS

a) Mélanger le lait et la farine et incorporer aux œufs. Mélanger la farine auto-levante, le sel et le poivre.

b) Trempez les morceaux de rosbif dans le mélange d'œufs et saupoudrez-les du mélange de farine.

c) Faire revenir dans une poêle bien chaude jusqu'à ce que les morceaux soient dorés et bien chauds. Égoutter sur du papier absorbant et servir chaud.

41. Beignets d'oeufs avec haricots verts et macaroni

Rendement : 6 portions

INGRÉDIENTS

- 1 livre de haricots verts, bouillis
- ½ livre de macaroni ou de ziti
- ¾ tasse de chapelure, sans saveur
- ½ cuillère à café d'ail, finement haché
- Persil haché
- Sauce marinara
- 6 cuillères à soupe de parmesan râpé
- 6 œufs battus
- Sel/poivre
- Huile pour friture

INSTRUCTIONS

a) Ajoutez la chapelure, le fromage, le persil, le sel, le poivre et l'ail aux œufs. Mélangez bien pour former une pâte. Faites chauffer l'huile à feu moyen-vif. Lorsqu'elle est chaude, une goutte de pâte devrait se solidifier et flotter à la surface. Versez-y une cuillerée à café à la fois. Ne surchargez pas les œufs.

b) Lorsque les beignets sont bien gonflés, retournez-les jusqu'à ce qu'ils forment une croûte dorée.

c) Mélanger les haricots verts, les macaronis et la sauce marinara dans un grand bol de service.

42. Beignets de maïs frais et saucisses

Rendement : 24 portions

INGRÉDIENTS

- 1 tasse de farine tout usage, tamisée
- 1 cuillère à café de levure chimique
- 1 cuillère à café de sel
- $\frac{1}{8}$ cuillère à café de poivre
- $\frac{1}{4}$ cuillère à café de paprika
- 1 tasse de saucisses cuites et émiettées
- 1 tasse de maïs frais en épi
- 2 jaunes d'oeufs battus
- 2 cuillères à soupe de lait
- 2 blancs d'œufs battus en neige
- Huile pour friture

INSTRUCTIONS

a) Tamisez la farine, la levure chimique et les épices dans un saladier. Ajoutez les saucisses, le maïs, les jaunes d'œufs et le lait et mélangez jusqu'à obtenir un mélange homogène. Incorporez les blancs d'œufs battus en neige.

b) Déposez-en une cuillerée à café bombée dans de l'huile chauffée à 360 - 365 degrés.

c) Cuire 3 à 5 minutes en retournant pour faire dorer de tous les côtés. Égoutter sur du papier absorbant.

43. Beignets de maïs pour hot-dogs

Rendement : 6 petits-fils

INGRÉDIENTS

- 6 œufs; séparés
- 12 onces de maïs avec piment
- 6 Hot-dogs
- ½ tasse de farine tout usage
- ½ cuillère à café de sel
- 1 cuillère à soupe de sherry de cuisine

INSTRUCTIONS

a) Battez les jaunes d'œufs jusqu'à ce qu'ils soient légers et mousseux ; ajoutez le maïs, les hot-dogs coupés en dés, la farine, le sel et le xérès. Mélangez bien. Battez les blancs d'œufs jusqu'à ce qu'ils forment des pics. Incorporez les blancs d'œufs au mélange à hot-dogs en prenant soin de ne pas perdre l'air.

b) Faites frire sur une plaque chaude légèrement graissée comme vous le feriez pour des crêpes, en utilisant environ ¼ de tasse du mélange par gâteau. Servez immédiatement, bien chaud.

44. Beignets de potiron

Rendement : 1 portion

INGRÉDIENTS

- 4 tasses de purée de citrouille cuite
- 2 oeufs
- 1 tasse de farine
- 1 pincée de sel
- 1 cuillère à café de levure chimique
- 2 cuillères à soupe bombées de sucre
- 250 millilitres de sucre
- 500 millilitres d'eau
- 500 millilitres de lait
- 30 millilitres de margarine
- 20 millilitres d'amidon de maïs mélangé à de l'eau

INSTRUCTIONS

a) Mélanger tous les ingrédients pour obtenir une pâte molle et faire revenir une cuillerée à soupe d'huile peu profonde jusqu'à ce que les deux côtés soient légèrement dorés.

b) Égoutter sur du papier et servir chaud avec du sucre à la cannelle ou de la sauce au caramel.

45. Beignets d'épinards

Rendement : 4 portions

INGRÉDIENTS

- 1 livre   d'épinards frais ou autres
- Légumes de votre choix
- 3 gros œufs
- 2 cuillères à soupe de lait
- 1 cuillère à café de sel
- ½ cuillère à café de poivre
- 2 cuillères à soupe d'oignon haché
- 1 cuillère à soupe de céleri haché
- 1 cuillère à soupe de farine
- Huile de cuisson

INSTRUCTIONS

a) Rincez bien les épinards, égouttez-les et hachez-les finement.

b) Séparez les œufs et battez les blancs en neige.

c) Mélangez les jaunes d'œufs avec le lait, le sel, le poivre, l'oignon, le céleri et la farine. Ajoutez les blancs d'œufs battus et les épinards en mélangeant bien.

d) Façonnez 8 galettes de 3 pouces et faites-les frire dans l'huile de cuisson jusqu'à ce qu'elles soient dorées.

46. Beignets de tofu frits

Rendement : 4 portions

INGRÉDIENTS

- 50 grammes de farine auto-levante
- Sel et poivre fraîchement moulu
- Huile végétale pour friture
- 285 g de tofu coupé en morceaux
- 2 cuillères à soupe de sucre en poudre
- 2 cuillères à soupe de vinaigre de vin rouge
- 300 grammes de baies mélangées
- 2 échalotes finement hachées

INSTRUCTIONS

a) Préparez la salsa. Mettez le vinaigre et le sucre dans une casserole et faites chauffer doucement pour dissoudre le sucre. Ajoutez les baies et les échalotes et faites-les pocher doucement pendant 10 minutes jusqu'à ce qu'elles soient tendres. Laissez refroidir.

b) Préparez la pâte, mettez la farine dans un bol et incorporez progressivement l'eau en fouettant.

c) Chauffer l'huile dans une poêle profonde jusqu'à ce qu'elle soit chaude. Plonger le tofu dans la pâte et faire frire pendant 1 à 2 minutes jusqu'à ce que la pâte soit croustillante.

47. Beignets de tomates

Rendement : 16 portions

INGRÉDIENTS

- 1⅓ tasse de tomates prunes, épépinées et coupées en dés
- ⅔ tasse de courgettes, coupées en petits dés
- ½ tasse d'oignon, finement haché
- 2 cuillères à soupe de feuilles de menthe hachées
- ½ tasse de farine tout usage
- ¾ cuillère à café de levure chimique
- ½ cuillère à café de sel
- ½ cuillère à café de poivre
- Pincée de cannelle
- Huile d'olive pour la friture

INSTRUCTIONS

a) Mélanger les tomates coupées en dés, les courgettes, l'oignon et la menthe dans un petit bol.

b) Mélanger la farine, la levure chimique, le sel, le poivre et la cannelle dans un bol moyen. Incorporer les légumes aux ingrédients secs.

c) Chauffer l'huile d'olive dans une grande poêle antiadhésive et y déposer la pâte par cuillerées à soupe bombées. Cuire jusqu'à ce qu'elle soit dorée, environ 2 minutes de chaque côté.

d) Égoutter sur du papier absorbant et servir chaud.

48. Beignets de fleurs de sureau

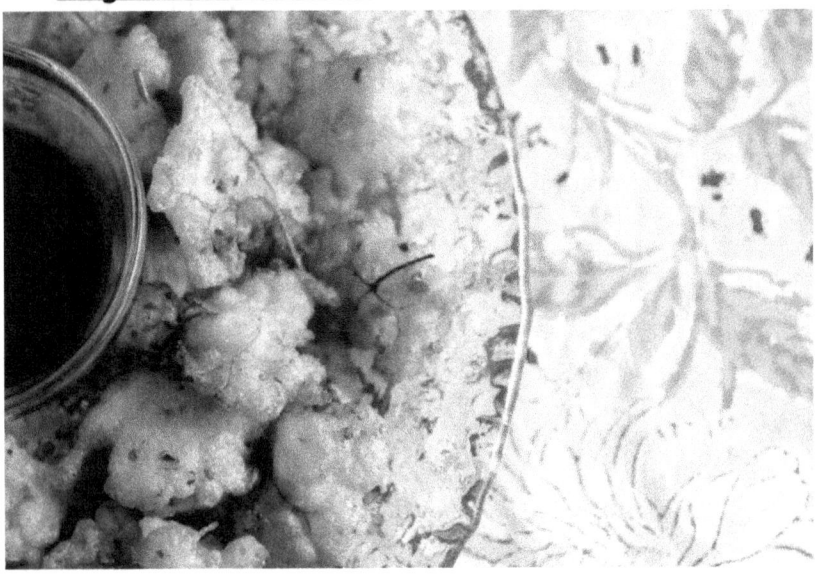

Rendement : 4 portions

INGRÉDIENTS

- Huile de tournesol pour friture
- 8 têtes de fleur de sureau; selon la taille
- 180 grammes de farine ordinaire
- 1 cuillère à soupe de sucre en poudre
- Une pincée de sel
- Zeste finement râpé de 1 citron
- 2 oeufs
- 60 millilitres de lait
- 60 millilitres de vin blanc sec
- 1 quartier de citron et sucre glace

INSTRUCTIONS

a) Tamisez la farine dans un bol avec le sucre et le sel. Ajoutez le zeste de citron et les œufs, puis versez environ la moitié du lait et la moitié du vin. Commencez à fouetter les liquides dans la farine, en incorporant progressivement le reste du lait et du vin pour obtenir une pâte lisse.

b) Prenez les fleurs une à une par leur tige et plongez-les dans la pâte. Retirez-les et laissez l'excédent de pâte s'écouler, puis glissez-les dans l'huile.

c) Après deux minutes, le dessous doit être légèrement doré. Retournez les beignets et laissez-les croustiller encore une minute. Égouttez-les sur du papier absorbant avant de servir.

49. Beignets de fleurs de pissenlit

Rendement : 10 portions

INGRÉDIENTS

- 1 tasse de farine de blé entier
- 2 cuillères à soupe d'huile d'olive
- 2 cuillères à café de levure chimique
- 1 tasse de fleurs de pissenlit
- 1 pincée de sel
- 1 œuf
- Spray antiadhésif à base d'huile végétale
- ½ tasse de lait faible en gras

INSTRUCTIONS

a) Dans un bol, mélanger la farine, la levure chimique et le sel. Dans un autre bol, battre l'œuf, puis le mélanger avec le lait ou l'eau et l'huile d'olive.

b) Incorporer le mélange sec. Incorporer délicatement les fleurs jaunes en prenant soin de ne pas les écraser.

c) Vaporisez légèrement une plaque chauffante ou une poêle avec de l'huile végétale.

d) Chauffer jusqu'à ce que la préparation soit bien chaude. Verser la pâte sur la plaque à l'aide d'une cuillère et cuire comme des crêpes.

50. Beignets de fleurs de sureau

Rendement : 1 portion

INGRÉDIENTS

- 8 têtes de fleur de sureau
- 110 grammes de farine ordinaire
- 2 cuillères à soupe d'huile de tournesol
- 150 millilitres de bière blonde ou d'eau
- 1 blanc d'oeuf
- Huile pour friture
- Sucre glace tamisé
- Quartiers de citron

INSTRUCTIONS

a) Tamisez la farine et le sel ensemble et mélangez-les avec l'huile et la bière jusqu'à obtenir une pâte. Laissez reposer au frais pendant 1 heure. Battez le blanc d'œuf jusqu'à ce qu'il forme des pics fermes. Incorporez l'œuf juste avant d'utiliser la pâte.

b) Faites chauffer un peu d'huile dans une poêle profonde ou une friteuse. Trempez les capitules dans la pâte, puis plongez-les dans l'huile brûlante et faites-les frire jusqu'à ce qu'ils soient dorés.

c) Égouttez les beignets sur du papier absorbant. Disposez-les dans un plat, saupoudrez de sucre glace tamisé et servez avec des quartiers de citron.

51. Beignets aux pétales de rose

Rendement : 4 portions

INGRÉDIENTS

- 1 bouquet de pétales de rose
- sucre glace
- sauce sucrée

INSTRUCTIONS

a) Ajoutez les pétales et mélangez délicatement.

b) Plongez-les dans l'huile chaude et faites-les frire jusqu'à ce qu'ils soient dorés.

c) Pour frire : Trempez les morceaux d'aliments dans la pâte. Faites frire dans 7,5 à 10 cm de matière grasse à 190 °C jusqu'à ce qu'ils soient dorés.

d) Égoutter sur du papier absorbant.

e) Saupoudrez les beignets de fruits de sucre glace ou nappez-les d'une sauce sucrée.

52. Beignets de pommes hollandais

Rendement : 4 portions

INGRÉDIENTS

- 8 grosses pommes pelées et épépinées
- 2 tasses de farine tout usage, tamisée
- 12 onces de bière
- ½ cuillère à café de sel
- Huile, saindoux ou shortening
- Sucre glace

INSTRUCTIONS

a) Coupez les pommes pelées et épépinées en rondelles de ⅓ de pouce d'épaisseur.

b) Mélanger la bière, la farine et le sel avec un fouet jusqu'à ce que le mélange soit lisse, puis tremper les tranches de pomme dans le mélange.

c) Faire frire dans une poêle épaisse ou dans 2,5 cm d'huile à une température de friture de 180 °C. Égoutter

53. Beignets pomme-orange

Rendement : 18 portions

INGRÉDIENTS

- 1 tasse de lait
- 1 orange, zeste et jus
- 1 œuf battu
- 1 tasse de pommes, hachées grossièrement
- 4 cuillères à soupe de margarine
- 3 tasses de farine à gâteau
- $\frac{1}{4}$ tasse de sucre
- 2 cuillères à café de levure chimique
- $\frac{1}{2}$ cuillère à café de sel
- 1 cuillère à café de vanille

INSTRUCTIONS

a) Battre l'œuf. Dans un saladier, mélanger le lait, l'œuf et la margarine fondue. Ajouter le jus d'orange, le zeste, les pommes coupées en morceaux et la vanille.

b) Tamisez ensemble la farine, le sel et la levure chimique. Incorporez le tout au mélange de lait à l'aide d'une cuillère jusqu'à ce que le tout soit bien mélangé.

c) Préchauffer l'huile dans une poêle à 350°C. Déposer l'extrémité d'une cuillère à soupe dans l'huile chaude. Faire frire jusqu'à ce qu'elle soit dorée. Retourner pour qu'elle brunisse uniformément. Laisser refroidir.

54. Beignets de bananes à la pâte à tempura

Rendement : 1 portion

INGRÉDIENTS

- 5 bananes
- Farine pour draguer les bananes
- Huile végétale pour friture
- 1 œuf
- 125 millilitres de farine tamisée
- 1/2 cuillère à café de bicarbonate de soude
- Chéri

INSTRUCTIONS

a) Mélanger les ingrédients de la pâte avec un fouet jusqu'à ce qu'elle soit légèrement mousseuse.

b) Coupez les bananes en morceaux de 2,5 cm. Roulez-les dans la farine jusqu'à ce qu'elles soient légèrement enrobées.

c) Trempez quelques morceaux de banane dans la pâte et faites-les frire jusqu'à ce qu'ils soient dorés. Égouttez-les sur du papier absorbant. Faites-les cuire par petites quantités jusqu'à ce qu'ils soient tous cuits.

d) Faites chauffer le miel dans une casserole jusqu'à ce qu'il soit liquide et chaud ; versez-le sur les bananes.

55. Beignets d'abricots

Rendement : 8 portions

INGRÉDIENTS

- 12 petits abricots
- 12 amandes entières
- 2 cuillères à soupe de rhum blanc
- ½ tasse de farine tout usage non blanchie
- ½ tasse de fécule de maïs
- 3 cuillères à soupe de sucre
- ½ cuillère à café de sel
- ½ cuillère à café de cannelle
- ½ cuillère à café de levure chimique
- ½ tasse d'eau; plus
- 1 cuillère à soupe d'eau
- 3 cuillères à soupe de beurre fondu
- 1½ litre d'huile végétale pour la friture
- Sucre glace

INSTRUCTIONS

a) Placez les abricots dans un bol et arrosez les côtés fendus avec le rhum.

b) Pour la pâte, mélanger les ingrédients secs dans un bol et incorporer l'eau, puis le beurre fondu.

c) À l'aide d'une fourchette, trempez les abricots dans la pâte jusqu'à ce qu'ils soient bien dorés et cuits.

56. Beignets de banane Benya

Rendement : 1 portion

INGRÉDIENTS

- 1 paquet de levure
- 1 tasse d'eau chaude
- Sucre
- 10 bananes très molles
- 3 cuillères à soupe de cannelle
- 2 cuillères à soupe de noix de muscade
- 2½ livres de farine
- 1½ livre de sucre
- Écorce d'orange râpée
- ¼ cuillère à café de sel

INSTRUCTIONS

a) Ajoutez la levure à l'eau chaude et saupoudrez d'un peu de sucre. Couvrez et laissez reposer pour que la pâte commence à lever.

b) Écrasez soigneusement les bananes dans un grand bol avec la levure. Ajoutez la cannelle, la muscade, la farine, le sucre, le zeste d'orange râpé et le sel. Mélangez bien et laissez reposer toute la nuit. Le mélange va lever et tripler de volume.

c) Déposez-les à la cuillère dans une poêle et faites-les frire jusqu'à ce qu'elles soient dorées. Servez chaud ou froid.

57. Beignet de langoustine et banane

Rendement : 1 portion

INGRÉDIENTS

- 4 langoustines dodues
- 1 banane
- 8 onces de farine de maïs
- 8 onces de farine ordinaire
- 1 once de levure chimique
- $3\frac{1}{2}$ cuillères à soupe de ketchup aux tomates
- $\frac{1}{4}$ pinte de vinaigre
- Sel et poivre

INSTRUCTIONS

a) Dans un saladier, mettre la farine de maïs, la farine, le sel et le poivre. Ajouter le ketchup et le vinaigre et fouetter jusqu'à obtenir une pâte lisse. Ajouter la levure chimique.

b) Chauffer une poêle ou une friteuse électrique à 175-180°C.

c) Épluchez les langoustines et videz-les de leurs viscères. Coupez-les en deux et placez un morceau de banane au centre. Fixez-les avec un cure-dent. Trempez-les dans la pâte et faites-les frire.

58. Beignets de pêches en conserve

Rendement : 4 à 5 portions

INGRÉDIENTS

- 1 boîte (29 oz) de pêches tranchées
- 1 tasse de farine tamisée AVANT de mesurer
- ½ cuillère à café de sel
- 1 cuillère à café de levure chimique
- 2 œufs battus
- 1 cuillère à soupe de shortening fondu
- ½ tasse de lait entier
- Huile végétale

INSTRUCTIONS

a) Égouttez les pêches et saupoudrez-les légèrement de farine. Tamisez la farine avec le sel et la levure chimique. Ajoutez les œufs bien battus, le shortening fondu et le lait. Mélangez bien.

b) À l'aide d'une fourchette à long manche, plongez les fruits dans la pâte. Laissez l'excédent de pâte s'égoutter.

c) Plongez les fruits dans l'huile chaude (375) et faites-les frire 2 à 3 minutes ou jusqu'à ce qu'ils soient légèrement dorés.

d) Égoutter sur du papier absorbant. Saupoudrer de sucre glace.

59. Beignets d'ananas des Caraïbes

Rendement : 1 portion

INGRÉDIENTS

- 2 tasses d'ananas frais coupé en morceaux
- 1 piment Habanero épépiné et haché
- 5 ciboulette finement hachées
- 1 oignon; haché
- 2 gousses d'ail écrasées et hachées
- 8 oignons verts émincés
- $\frac{1}{2}$ cuillère à café de curcuma
- $1\frac{1}{4}$ tasse de farine
- $\frac{1}{2}$ tasse de lait; ou plus
- $\frac{1}{2}$ tasse d'huile végétale ; pour la friture
- 2 œufs battus
- Sel et poivre
- Rondelles d'ananas pour la garniture

INSTRUCTIONS

a) Mélanger les sept premiers ingrédients et réserver.

b) Mélanger la farine, le lait, les œufs, le sel et le poivre et bien battre au batteur électrique. Au bout de 4 heures, incorporer les fruits à la pâte.

c) Chauffer l'huile végétale dans une poêle profonde. Y déposer la pâte à la cuillère et faire frire pendant environ 5 minutes, ou jusqu'à ce que les morceaux soient dorés.

d) Retirer les beignets et les égoutter sur du papier absorbant. Servir froid

60. Beignets de sureau

Rendement : 4 portions

INGRÉDIENTS

- 200 grammes de farine (1 3/4 tasse)
- 2 oeufs
- $\frac{1}{8}$ litre de lait (1/2 tasse plus 1/2 cuillère à soupe)
- Petite pincée de sel
- 16 fleurs de sureau avec tiges
- Sucre pour saupoudrer
- 750 grammes de saindoux ou de graisse végétale pour la friture

INSTRUCTIONS

a) Mélangez la farine, les œufs, le sel et le lait à l'aide d'un fouet jusqu'à obtenir une pâte à crêpes. Rincez les fleurs de sureau plusieurs fois, puis séchez-les avec du papier absorbant.

b) Trempez brièvement les fleurs dans la pâte, puis faites-les frire jusqu'à ce qu'elles soient dorées. Saupoudrez de sucre et servez.

61. Beignets de fruits et légumes

Rendement : 1 portion

INGRÉDIENTS

- 1 tasse de farine tout usage
- 1 cuillère à café de levure chimique
- 14 cuillères à café de sel
- 2 gros œufs
- 2 cuillères à café de sucre
- ⅔ tasse de lait
- 1 cuillère à café d'huile à salade
- ½ cuillère à café de jus de citron
- Fruits mélangés
- Légumes mélangés

INSTRUCTIONS

a) Tamisez ensemble la farine, la levure chimique et le sel. Battez les œufs jusqu'à ce qu'ils soient légers et mousseux. Ajoutez le sucre, le lait, l'huile et un peu de jus de citron ; ajoutez le mélange de farine et remuez juste assez longtemps pour humidifier. Ajoutez une pincée de cannelle à la farine lorsque vous préparez des beignets aux fruits.

b) FRUITS : Pommes : Pelez, épépinez et coupez en tranches de 1,2 cm. Bananes : Coupez-les en morceaux et arrosez-les de jus de citron et de sucre. Utilisez des pêches, des ananas, etc. en conserve en les égouttant ; saupoudrez-les très légèrement de farine avant de les tremper dans la pâte.

c) LÉGUMES : Coupez-les en morceaux de taille égale pour que le temps de friture soit à peu près le même.

d) Faites chauffer l'huile dans une poêle profonde et faites cuire les beignets jusqu'à ce qu'ils soient délicatement dorés, puis égouttez-les sur du papier absorbant.

62. Beignets de fruits à la sauce citron-bourbon

Rendement : 32 portions

INGRÉDIENTS

- ¾ tasse de farine tout usage
- ½ cuillère à café de levure chimique
- 1 œuf battu
- 1 cuillère à soupe de beurre ou de margarine fondu
- ⅓ tasse de sucre
- 1 cuillère à soupe de fécule de maïs
- ¾ tasse d'eau
- 2 cuillères à soupe de beurre ou de margarine
- 1 cuillère à café de vanille
- 4 pommes, 4 poires, 4 bananes
- ¼ tasse de Bourbon
- Zeste de citron et 4 cuillères à café de jus de citron

INSTRUCTIONS

a) Tamiser ensemble la farine, le sucre et la levure chimique.

b) Mélanger l'œuf, l'eau, le beurre et la vanille ; incorporer aux ingrédients secs jusqu'à ce que le tout soit bien mélangé.

c) Trempez les tranches de fruits dans la pâte, plongez-les dans l'huile chaude et faites-les frire jusqu'à ce qu'elles soient dorées des deux côtés.

d) SAUCE CITRON-BOURBON : Mélanger le sucre et la fécule de maïs dans une petite casserole et ajouter l'eau. Cuire en remuant constamment jusqu'à ce que le mélange bouille et épaississe. Incorporer le beurre. Ajouter le bourbon, le zeste et le jus de citron et bien mélanger.

63. Beignets de pommes à l'espionne du Nord

Rendement : 15 portions

INGRÉDIENTS

- ¾ tasse de semoule de maïs jaune
- ½ tasse de farine tout usage
- 2 cuillères à soupe de levure chimique
- 6 cuillères à soupe de sucre
- 1 pincée de sel
- 1 œuf
- ½ tasse de lait
- 1½ tasse d'huile végétale pour la friture
- 1 pomme Northern Spy, pelée
- 2 cuillères à soupe d'huile végétale
- Sucre glace pour la garniture

INSTRUCTIONS

a) Mélanger tous les ingrédients secs à l'exception du sucre glace

b) Ajoutez les ingrédients liquides (sauf 1½ tasse d'huile) un à la fois, en remuant entre chaque ajout. Incorporez la pomme. Laissez reposer la pâte pendant 10 minutes.

c) Chauffer l'huile jusqu'à ce qu'elle crépite, mais pas tout à fait jusqu'au point de fumée. Déposer la pâte dans l'huile et la retirer sur une serviette en papier lorsqu'elle est dorée.

d) Saupoudrer de sucre glace et servir.

64. Beignets d'ananas et de banane

Rendement : 1 portion

INGRÉDIENTS

- 1⅓ tasse de farine tout usage
- 1½ cuillère à café de levure chimique à double action
- 3 cuillères à soupe de sucre granulé
- 1 cuillère à café de gingembre moulu
- ¾ tasse d'ananas frais haché; égoutté
- ¾ tasse de banane hachée
- ½ tasse de lait
- 1 gros œuf légèrement battu
- Huile végétale pour friture
- Sucre glace pour saupoudrer le

INSTRUCTIONS

a) Tamisez ensemble la farine, la levure chimique, le sucre semoule, le gingembre et une pincée de sel.

b) Dans un bol, mélangez bien l'ananas, la banane, le lait et l'œuf, ajoutez le mélange de farine et remuez la pâte jusqu'à ce qu'elle soit homogène.

c) Déposez la pâte par cuillerées à soupe dans l'huile par lots et faites frire les beignets, en les retournant, pendant 1 à 1 $\frac{1}{2}$ minute, ou jusqu'à ce qu'ils soient dorés.

d) Transférez les beignets avec une écumoire sur du papier absorbant pour les égoutter et tamisez le sucre glace dessus.

65. Beignets de poires pochées

Rendement : 1 portion

INGRÉDIENTS

- Biscuits au babeurre
- Huile végétale
- 1 bouteille de porto
- 1 tasse d'eau
- 1 bâton de cannelle
- 3 clous de girofle entiers
- $\frac{1}{2}$ cuillère à café de noix de muscade
- 1 pincée de macis
- 4 poires pelées

INSTRUCTIONS

a) Mettre les ingrédients dans une casserole et porter à ébullition, ajouter les poires. Faire bouillir jusqu'à ce que les poires soient légèrement pochées, 15 à 20 minutes.

b) Une fois refroidies, retirez les poires et égouttez-les, remettez-les dans la casserole et portez à ébullition. Laissez réduire de moitié et retirez du feu. Coupez les poires en quartiers en retirant les pépins.

c) Roulez la pâte sur une longueur égale à deux fois celle des poires et aussi longtemps que vous pouvez obtenir une épaisseur de $\frac{1}{8}$ à $\frac{1}{4}$ de pouce. Placez les poires sur la pâte, repliez la pâte sur le dessus et coupez avec une roulette à pâtisserie. Répétez jusqu'à ce que la pâte et les poires soient toutes utilisées.

66. Beignets de cerises au rhum

Rendement : 6 portions

INGRÉDIENTS

- ½ tasse de farine tout usage
- 2 cuillères à soupe de sucre glace
- ¼ cuillère à café de sel
- 1 livre de cerises avec tiges
- Sucre glace
- 2 œufs; séparés
- 2 cuillères à soupe de rhum
- ½ tasse de beurre clarifié
- ½ tasse d'huile végétale

INSTRUCTIONS

a) Dans un bol moyen, mélanger la farine, les jaunes d'œufs, 2 c. à soupe de sucre glace, le rhum et le sel pour former une pâte lisse. Couvrir et laisser reposer 1 à 2 heures.

b) Battre les blancs en neige et les incorporer à la pâte.

c) Faites chauffer le beurre et l'huile végétale dans une grande poêle à 360 degrés F, puis baissez le feu.

d) Trempez les cerises dans la pâte et placez-les dans l'huile chaude.

e) Faire frire pendant 3 minutes ou jusqu'à ce qu'ils soient dorés.

f) Retirez les cerises, trempez-les dans le sucre glace et servez.

67. Beignets de poisson-chat

Rendement : 8 portions

INGRÉDIENTS

- 1½ tasse de farine tout usage
- 1 cuillère à café de sel et de poivre
- 2 œufs moyens
- 3 cuillères à soupe de beurre non salé ; fondu, refroidi
- 1 tasse de lait entier
- ½ livre de morue salée
- 1 piment fort épépiné
- 2 oignons verts hachés finement
- 1 gousse d'ail écrasée
- 1 cuillère à soupe de persil haché
- ½ cuillère à café de thym
- 1 baie de piment de la Jamaïque moulue

INSTRUCTIONS

a) Tamisez la farine et le sel dans un bol. Battez les œufs avec le beurre et ajoutez-les au mélange de farine. Ajoutez le lait petit à petit, en remuant juste pour mélanger. Ajoutez plus de lait si la pâte est trop ferme.

b) Piler le poisson dans un mortier avec du piment

c) Ajoutez les oignons verts, l'ail, le persil, le thym, le piment de la Jamaïque et le poivre noir au goût. Incorporez à la pâte

d) Faites chauffer l'huile et faites frire le mélange en prenant des cuillères à soupe bombées jusqu'à ce qu'il soit doré.

68. Beignets de morue

Rendement : 14 beignets

INGRÉDIENTS

- ½ livre de morue salée séchée, cuite et déchiquetée
- Huile végétale pour friture
- 1½ tasse de farine tout usage non tamisée
- ½ cuillère à café de levure chimique
- ½ cuillère à café de poivre noir concassé
- ¼ cuillère à café de sel
- 2 gros blancs d'oeufs
- 2 gousses d'ail écrasées
- 2 cuillères à soupe de feuilles de coriandre fraîche hachées

INSTRUCTIONS

a) Dans un grand bol, mélanger la farine, la poudre à pâte, le poivre noir concassé et le sel.

b) Dans un petit bol, battre les blancs d'œufs jusqu'à ce qu'ils soient mousseux. Ajouter les blancs d'œufs battus et l'eau au mélange de farine pour créer une pâte. Ajouter la morue salée râpée, l'ail et les feuilles de coriandre fraîche hachées ; remuer jusqu'à ce que le tout soit bien mélangé.

c) Par lots, déposez une cuillère à soupe bombée de pâte dans l'huile chaude et faites frire 12 minutes.

d) Égoutter sur du papier absorbant et servir chaud dans une assiette de service ; garnir de coriandre.

69. Beignets de chair de poisson et de crabe

Rendement : 1 portion

INGRÉDIENTS

- 12 onces de morue fraîche ou congelée
- 6 onces de chair de crabe artificielle
- 2 œufs battus
- 1/2 tasse de farine
- 1 oignon vert; finement haché
- ½ cuillère à café de zeste de citron finement râpé
- 1 cuillère à café de jus de citron
- 1 gousse d'ail écrasée
- ¼ cuillère à café de sel
- ½ cuillère à café de poivre
- Huile de cuisson

INSTRUCTIONS

a) Dans le bol d'un mixeur ou d'un robot culinaire, mélanger le crabe de mer, les œufs, la farine, l'oignon, le zeste de citron, le jus de citron, l'ail, le sel et le poivre. Couvrir et mélanger jusqu'à obtenir une consistance lisse.

b) Huiler légèrement une poêle et chauffer

c) Verser environ ¼ tasse de pâte dans la poêle et l'étaler en une galette de 3 pouces de diamètre.

d) Cuire 3 minutes de chaque côté ou jusqu'à ce qu'ils soient dorés.

70. Beignets de crevettes au maïs indonésien

Rendement : 6 portions

INGRÉDIENTS

- 3 épis de maïs grattés et hachés grossièrement
- ½ livre de crevettes moyennes décortiquées et déveinées,
- 1 cuillère à café d'ail haché
- ½ tasse d'échalotes finement hachées ou : oignons verts
- 1 cuillère à café de coriandre moulue
- ¼ cuillère à café de cumin moulu
- 2 cuillères à soupe de feuilles de coriandre hachées
- 2 cuillères à soupe de farine
- 1 cuillère à café de sel
- 2 œufs battus
- Huile d'arachide ou végétale pour poêler
- sauce chili pour tremper

INSTRUCTIONS

a) Dans un grand bol, mélanger le maïs, les crevettes, l'ail, les oignons verts, la coriandre moulue, le cumin, les feuilles de coriandre, la farine, le sel et les œufs. Chauffer une fine couche d'huile dans une poêle à feu moyen-vif. Verser ¼ tasse du mélange de maïs dans la poêle. Ajouter autant de beignets que possible dans la poêle en laissant un espace de ½ pouce entre les beignets.

b) Faire frire jusqu'à ce que les beignets soient dorés et croustillants, puis les retourner. Cuire environ 1 minute de chaque côté. Retirer et égoutter sur du papier absorbant. Garder au chaud pendant la cuisson des beignets restants.

71. Beignets de courge spaghetti à l'italienne

Rendement : 4 portions

INGRÉDIENTS

- 2 oeufs
- ½ tasse de fromage ricotta partiellement écrémé
- 1 once de parmesan râpé
- 3 cuillères à soupe de farine
- ½ cuillère à café de levure chimique
- 2 cuillères à café d'huile végétale
- ⅛ cuillère à café de poudre d'ail
- ½ cuillère à café d'origan séché
- ¼ cuillère à café de basilic séché
- 1 cuillère à soupe de flocons d'oignon hachés
- 2 tasses de spaghetti cuits

INSTRUCTIONS

a) Dans le récipient du mixeur, mélanger tous les ingrédients, sauf les spaghettis. Mélanger jusqu'à obtenir une consistance lisse. Ajouter les spaghettis

b) Versez le mélange dans une poêle antiadhésive préchauffée ou sur une plaque chauffante vaporisée de Pam. Faites cuire à feu moyen jusqu'à ce que les deux côtés soient dorés, en les retournant soigneusement.

c) SAUCE : Mélangez une boîte de 227 g de sauce tomate, $\frac{1}{4}$ de cuillère à café d'origan séché, $\frac{1}{8}$ de cuillère à café de poudre d'ail, $\frac{1}{4}$ de cuillère à café de basilic séché dans une petite casserole. Faites chauffer jusqu'à ce que le mélange soit chaud et bouillonnant.

d) Servir sur des beignets.

72. Beignets de homard

Rendement : 1 portion

INGRÉDIENTS

- 1 tasse de homard haché
- 2 oeufs
- ½ tasse de lait
- 1¼ tasse de farine
- 2 cuillères à café de levure chimique
- Sel et poivre au goût

INSTRUCTIONS

a) Faites chauffer la graisse profonde jusqu'à ce qu'un cube de pain brunisse en soixante secondes. Pendant que la graisse chauffe, battez les œufs jusqu'à ce qu'ils soient légers. Ajoutez le lait et la farine tamisée avec la levure chimique, le sel et le poivre, puis incorporez le homard haché.

b) Déposez-les par petites cuillerées dans la graisse et faites-les frire jusqu'à ce qu'elles soient dorées. Égouttez-les sur du papier brun dans un four chaud. Servez avec une sauce citronnée rapide.

73. Beignets de moules à la salsa

Rendement : 4 portions

INGRÉDIENTS

- 8 moules vertes; hors de la coquille
- 6 gros œufs légèrement battus
- 50 millilitres de crème double
- 10 millilitres de pâte de poisson
- 2 cuillères à soupe de polenta
- 50 grammes d'oignons de printemps; tranchés
- 400 grammes de Kumera ; bouilli puis pelé
- 1 petit oignon rouge; pelé et tranché
- 20 millilitres de jus de citron vert frais
- 2 Nashi ; noyau retiré et
- 30 millilitres d'huile d'olive extra vierge

INSTRUCTIONS

a) Coupez les moules en quartiers puis mélangez-les dans un bol avec les œufs, la crème, le nam pla, la polenta et la moitié de l'oignon de printemps. Ajoutez enfin la kumera.

b) Mélangez tous les autres ingrédients pour faire la salsa, y compris les oignons nouveaux restants, et laissez reposer 30 minutes.

c) Chauffez une poêle et badigeonnez-la d'huile, puis préparez 4 gros beignets ou 8 petits. Faites-les dorer d'un côté, puis retournez-les et faites-les cuire de l'autre côté.

74. Beignets de poulpe

Rendement : 8 portions

INGRÉDIENTS :

- 2 poulpes d'environ 1 1/2 livres chacun
- 1 cuillère à café de sel
- 2 litres d'eau
- 2 litres d'eau glacée avec de la glace
- 2 oignons moyens, pelés et émincés
- 2 œufs battus
- 1 tasse de farine ou plus selon les besoins
- Sel et poivre au goût
- Huile pour friture

INSTRUCTIONS

a) Plongez le poulpe dans une grande marmite contenant de l'eau salée bouillante. Faites cuire à feu moyen-vif pendant environ 25 minutes.

b) Égouttez-les et plongez-les dans un bol rempli de glace et d'eau glacée. À l'aide d'une brosse grossière, grattez une partie de la peau violette. Coupez les pattes et hachez-les finement.

c) Jetez les têtes. Dans un bol, mélangez les oignons, les œufs, la farine, le sel et le poivre. Ajoutez le poulpe haché et mélangez bien. Formez des galettes plates de $2\frac{1}{2}$ à 3 pouces.

d) Chauffez environ 1 cm d'huile dans une grande poêle épaisse et faites frire les beignets de poulpe jusqu'à ce qu'ils soient bien dorés de chaque côté. Servez immédiatement.

75. Beignet de crevettes

Rendement : 8 portions

INGRÉDIENTS

- ½ tasse de lait
- ½ tasse de farine auto-levante
- 1 tasse de crevettes crues hachées
- 1 tasse de riz cuit
- 1 œuf
- ½ tasse d'oignons verts hachés
- Sel et poivre au goût

INSTRUCTIONS

a) Mélanger tous les ingrédients ensemble.

b) Plongez-les dans l'huile de cuisson chaude à l'aide d'une cuillère à café et faites-les frire jusqu'à ce qu'elles soient dorées. Préparez-les en petites portions et servez-les en entrée.

76. Beignets de viande coréens

Rendement 4 portions

INGRÉDIENTS

- 2 livres de   steak de pointe de surlonge
- 3 brins d'oignon vert, hachés
- 2 cuillères à soupe d'huile de graines de sésame
- 2 cuillères à café de graines de sésame
- ½ tasse de sauce soja
- 1 gousse d'ail, hachée
- 1 pincée de poivre noir
- 5 œufs

INSTRUCTIONS

a) Mélanger tous les autres ingrédients sauf les œufs et faire tremper la viande dans la sauce pendant une heure.

b) Fariner la viande et la tremper dans un œuf légèrement battu, puis la faire revenir à feu moyen jusqu'à ce qu'elle soit dorée. Servir chaud avec la sauce.

c) Sauce : 2 cuillères à soupe de sauce soja 1 cuillère à café d'oignon vert haché 1 cuillère à café de graines de sésame 1

cuillère à café de vinaigre 1 cuillère à café de sucre
Mélanger tous les ingrédients ensemble.

77. Beignets de parmesan et de mozzarella

Rendement : 4 portions

INGRÉDIENTS

- 1 gousse d'ail hachée
- 2 Mozzarellas affinées; râpées
- 1 petit œuf battu
- Quelques feuilles de basilic frais
- 70 grammes de parmesan râpé
- 2 cuillères à soupe de farine nature
- Sel et poivre

INSTRUCTIONS

a) Mélanger la mozzarella, l'ail, le basilic, le parmesan et les épices et lier avec l'œuf battu. Ajouter un peu de farine, façonner et laisser reposer au réfrigérateur pendant environ 30 minutes.

b) Enrober légèrement de farine avant de faire frire.

c) Le mélange doit être assez mou, car il se raffermit après avoir reposé au réfrigérateur pendant le temps requis. L'huile de la poêle ne doit pas être trop chaude sinon les beignets brûleront à l'extérieur et seront froids à l'intérieur.

78. Beignets au fromage de Bâle

Rendement : 1 portion

INGRÉDIENTS

- 4 tranches de pain
- 1 once de beurre
- 3 oignons
- 4 tranches de gruyère
- Paprika

INSTRUCTIONS

a) Faites revenir légèrement le pain des deux côtés dans du beurre et disposez-le sur une plaque à pâtisserie. Versez de l'eau bouillante sur les oignons finement hachés et laissez reposer un moment. Jetez l'eau et faites revenir les oignons dans le reste du beurre jusqu'à ce qu'ils soient tendres.

b) Répartir finement les oignons sur le pain et recouvrir chaque tranche d'une tranche de fromage.

c) Saupoudrez de paprika et faites cuire au four très chaud (230°C/thermostat 8) jusqu'à ce que le fromage fonde. Servez immédiatement.

79. Beignets aux herbes avec trempette au yaourt et aux abricots

Rendement : 6 portions

INGRÉDIENTS

- 3 œufs légèrement battus
- 150 grammes de Mozzarella râpée
- 85 grammes de parmesan fraîchement râpé
- 125 grammes de chapelure fraîche
- ½ oignon rouge; finement haché
- ¼ cuillère à café de flocons de piment rouge
- 2 cuillères à soupe de marjolaine fraîche
- 2 cuillères à soupe de ciboulette grossièrement hachée
- 5 cuillères à soupe de persil plat haché
- 1 poignée de feuilles de roquette hachées grossièrement
- 1 poignée de jeunes feuilles d'épinards hachées
- Sel, poivre et huile de tournesol
- Pot de 500 grammes de yaourt grec
- 12 abricots secs prêts à manger ; coupés en petits dés
- 2 gousses d'ail et menthe fraîche hachée

INSTRUCTIONS

a) Mélanger les ingrédients des beignets, sauf l'huile et le beurre, jusqu'à obtenir une consistance épaisse et assez solide. Lier avec de la chapelure si elle est humide.

b) Mélangez les ingrédients de la sauce juste avant de l'utiliser. Versez 1 cm d'huile dans une poêle, ajoutez le beurre et faites chauffer jusqu'à ce qu'il soit trouble.

c) Façonnez des beignets de forme ovale en appuyant fermement avec la main pour les compacter. Faites-les frire dans l'huile pendant 2 à 3 minutes jusqu'à ce qu'ils soient croustillants.

80. Beignets au fromage de Berne

Rendement : 1 portion

INGRÉDIENTS

- 8 onces de fromage Gruyère râpé
- 2 oeufs
- 2½ onces liquides de lait
- 1 cuillère à café de kirsch
- Graisse pour friture
- 6 tranches de pain

INSTRUCTIONS

a) Mélanger le fromage râpé avec les jaunes d'oeufs, le lait et le kirsch. Incorporer les blancs d'oeufs battus et étaler le mélange sur le pain.

b) Faites chauffer la graisse dans une grande poêle et placez le pain, côté fromage vers le bas, dans la graisse chaude.

c) Lorsque les tranches deviennent dorées, retournez-les et faites-les revenir brièvement de l'autre côté.

81. Beignets de haricots, maïs et cheddar

Rendement : 5 portions

INGRÉDIENTS

- ½ tasse de semoule de maïs jaune
- ½ tasse de farine blanche non blanchie
- ½ cuillère à café de levure chimique
- Dash Cumin moulu, poivre de Cayenne, sel et poudre de chili
- ½ tasse de lait
- 1 jaune d'oeuf et 2 blancs d'oeuf
- 1 tasse de haricots noirs cuits
- 1 tasse de fromage cheddar fort
- ½ tasse de maïs frais ou de grains de maïs surgelés
- 2 cuillères à soupe de coriandre fraîche hachée
- Poivrons rouges et piments verts rôtis

INSTRUCTIONS

a) Mélangez la semoule de maïs, la farine, la levure chimique, le sel, la poudre de chili, le cumin et le poivre de Cayenne dans un bol de taille moyenne.

b) Battez le lait avec le jaune d'œuf et ajoutez-le aux ingrédients secs en mélangeant bien.

c) Incorporez les haricots, le fromage, le maïs, la coriandre, le poivron rouge et les piments verts. Incorporez délicatement les blancs d'œufs.

d) Chauffer ½ tasse d'huile dans une poêle de 10 pouces à feu moyen-vif. Verser environ ¼ tasse de pâte pour chaque beignet et faire frire jusqu'à ce qu'ils soient dorés.

82. Beignets de mozzarella et spaghetti

Rendement : 2 portions

INGRÉDIENTS

- 2 gousses d'ail
- 1 petit bouquet de persil frais et 3 oignons à salade
- 225 grammes de porc haché maigre
- Parmesan fraîchement râpé et mozzarella fumée
- 150 grammes de Spaghettis ou tagliatelles
- 100 millilitres de bouillon de bœuf chaud
- 400 grammes de tomates concassées en conserve
- 1 pincée de sucre et 1 trait de sauce soja
- Sel et poivre
- 1 œuf et 1 cuillère à soupe d'huile d'olive
- 75 millilitres de lait
- 50 grammes de farine ordinaire ; plus un peu plus pour saupoudrer

INSTRUCTIONS

a) Mélangez l'ail, les oignons, l'ail, le parmesan, le persil et beaucoup de sel et de poivre. Formez huit boulettes fermes.

Faites chauffer l'huile dans une grande poêle et faites cuire les boulettes. Versez le bouillon.

b) Faites cuire les tomates concassées, le sucre, le sel et le poivre et ajoutez-les aux boulettes de viande.

c) Battez l'huile, le lait, la farine et un peu de sel dans le jaune d'œuf pour obtenir une pâte épaisse et lisse. Coupez la mozzarella en fines tranches, puis saupoudrez-la de farine. Ajoutez les jaunes d'œufs et incorporez les blancs montés en neige.

d) Trempez les tranches de mozzarella farinées dans la pâte et faites-les cuire pendant deux minutes de chaque côté jusqu'à ce qu'elles soient croustillantes et dorées.

83. Beignets au fromage Emmental

Rendement : 1 personne

INGRÉDIENTS

- 1 grande tranche de pain
- 1 tranche de jambon
- 1 cuillère à soupe de beurre
- 1 tranche de fromage Emmental
- Sel, poivre
- 1 œuf

INSTRUCTIONS

a) Faire griller légèrement le pain. Faire revenir brièvement le jambon, le déposer sur le pain, recouvrir de fromage et assaisonner.

b) Mettre au four assez chaud et laisser fondre le fromage, ou dans une poêle couverte sur la cuisinière. Au dernier moment, garnir le fromage d'un œuf au plat.

84. Beignets de semoule de maïs et de cheddar

Rendement : 1 portion

INGRÉDIENTS

- 1 tasse de semoule de maïs
- 1 tasse de cheddar fort râpé
- ½ tasse d'oignon râpé
- ¼ tasse de poivron rouge haché
- 1 cuillère à café de sel
- Cayenne, au goût
- ¾ tasse d'eau bouillante
- Huile végétale pour friture
- Sauce piquante à la Louisiane

INSTRUCTIONS

a) Dans un bol, mélanger la semoule de maïs, le cheddar, l'oignon, le poivron, le sel et le poivre de Cayenne.

b) Incorporer l'eau bouillante et bien mélanger. Dans une poêle profonde ou une friteuse, chauffer 7,5 cm (3 po) d'huile végétale à 176 °C (350 °F). Déposer 6 cuillères à soupe de pâte dans l'huile et faire frire pendant 2 à 3 minutes ou jusqu'à ce qu'elle soit dorée.

85. Beignets de riz

Rendement : 12 portions

INGRÉDIENTS

- 1 paquet Levure sèche
- 2 cuillères à soupe d'eau tiède
- 1½ tasse Riz cuit et refroidi
- 3 œufs battus
- 1½ tasse Farine
- ½ tasse Sucre
- ½ cuillère à café Sel
- ¼ cuillère à café Noix de muscade
- Graisse pour friture
- Sucre glace

INSTRUCTIONS

a) Diluer la levure dans de l'eau tiède. Mélanger avec le riz et laisser reposer dans un endroit chaud toute la nuit. Le lendemain, incorporer les œufs, la farine, le sucre, le sel et la muscade.

b) Ajoutez plus de farine si nécessaire pour obtenir une pâte épaisse. Chauffez la graisse à 370 degrés ou jusqu'à ce qu'un cube de pain de 1 pouce brunisse en 60 secondes. Déposez la pâte d'une cuillère à soupe dans la graisse chaude et faites frire jusqu'à ce qu'elle soit dorée, environ 3 minutes.

c) Égoutter sur du papier absorbant et saupoudrer de sucre glace. Servir chaud

86. Beignets de myrtilles/maïs

Rendement : 6 portions

INGRÉDIENTS

- ⅔ tasse Farine
- ⅓ tasse Maïzena
- 2 cuillères à soupe Sucre
- 1 cuillère à café Levure chimique
- ½ cuillère à café Sel
- ¼ cuillère à soupe Noix de muscade moulue
- ⅓ tasse Lait
- 2 œufs, séparés
- Huile végétale
- 1½ tasse Myrtilles
- Sucre glace et miel

INSTRUCTIONS

a) Dans un bol moyen, mélanger la farine, la fécule de maïs, le sucre, la poudre à pâte, le sel et la muscade.

b) Dans une tasse à mesurer de 2 tasses, mélanger le lait, les jaunes d'œufs et l'huile. Verser dans le mélange de farine.

Bien mélanger. La pâte sera ferme. Incorporer les myrtilles. Réserver.

c) Dans un petit bol, battre les blancs d'œufs au batteur à haute vitesse jusqu'à ce qu'ils forment des pics fermes. À l'aide d'une spatule en caoutchouc, incorporer délicatement la moitié des blancs battus. les blancs d'œufs dans la pâte jusqu'à ce qu'ils soient bien mélangés. Puis incorporez les blancs d'œufs battus restants dans la pâte,

d) Ajoutez délicatement la pâte à beignets par cuillerées à soupe, quelques-unes à la fois, dans l'huile chaude. Faites frire 3 à 4 minutes, en retournant une fois, ou jusqu'à ce que les beignets soient dorés.

87. Beignets de carnaval

Rendement : 18 portions

INGRÉDIENTS

- 1 tasse Eau chaude
- 8 cuillères à soupe de beurre non salé
- 1 cuillère à soupe Sucre
- ½ cuillère à café Sel
- 1 tasse Farine tout usage, tamisée
- 4 œufs
- 1 cuillère à café Écorce d'orange fraîchement râpée
- 1 cuillère à café Zeste de citron fraîchement râpé
- 4 tasses d'huile d'arachide
- Sucre glace

INSTRUCTIONS

a) Mélanger l'eau, le beurre, le sucre et le sel dans une petite casserole et porter à ébullition. Lorsque le beurre est fondu, ajouter la farine. Remuer vigoureusement avec un fouet.

b) Ajoutez les œufs, un à un, en battant vigoureusement avec une cuillère après chaque ajout. Ajoutez les zestes d'orange et de citron râpés.

c) Dans une poêle profonde, faites chauffer l'huile d'arachide à 300° F.

d) Déposez la pâte par cuillerées à soupe dans l'huile chaude, pas plus de 4 ou 5 à la fois. Lorsque les beignets sont dorés et gonflés, retirez-les avec une écumoire, égouttez-les sur du papier absorbant et saupoudrez de sucre glace.

88. Beignets de pois chiches avec salsa aux poires

Rendement : 1 portion

INGRÉDIENTS

- 1½ tasse Pois chiches cuits, égouttés
- 1 cuillère à café Sel
- pomme de terre Idaho moyenne
- 1 petit Oignon, râpé grossièrement
- 1 cuillère à soupe Farine
- 2 cuillères à café Sauce au piment fort
- 3 blancs d'œufs légèrement battus
- 2 tomates italiennes
- 2 poires fermes pelées, épépinées et coupées en dés
- 1 cuillère à soupe Jus de citron frais
- 6 gros oignons verts, hachés
- 1 cuillère à soupe de piments jalapeño
- 1 cuillère à soupe Vinaigre de vin de Xérès
- 1 cuillère à café Chéri

INSTRUCTIONS

a) Dans un bol moyen, mélanger les pommes de terre, l'oignon, la farine et la sauce au piment fort. Bien mélanger. Ajouter les pois chiches et les blancs d'œufs et mélanger.

b) Déposez des cuillères à soupe bombées de pâte dans la poêle en leur laissant suffisamment de place pour s'étaler. Faites cuire à feu moyen vif jusqu'à ce qu'elles soient dorées

c) Servir avec une salsa aux poires acidulées

89. Beignets de pois chiches au couscous

Rendement : 1 portion

INGRÉDIENTS

- 7 onces de couscous , cuit
- ½ petit concombre
- 2 tomates prunes (pelées, épépinées, coupées en dés)
- 1 citron vert
- 6 oignons verts parés
- 1 boîte (14oz) pois chiches égouttés et rincés
- ½ cuillère à café Coriandre ou coriandre et menthe
- 1 piment rouge; épépiné et finement haché
- 1 gousse d'ail
- Farine nature pour saupoudrer
- 5 onces de yaourt FF
- Sel et poivre fraîchement moulu
- Paprika /Cumin au goût

INSTRUCTIONS

a) Incorporer les tomates et le persil au couscous. Couper le citron vert en deux et presser le jus. Hacher finement les oignons nouveaux dans le couscous.

b) Ajoutez le cumin, la coriandre, le piment et les feuilles de coriandre. Hachez la gousse d'ail et ajoutez-la . Placez le concombre dans un bol et incorporez le yaourt, hachez la menthe et ajoutez beaucoup d'assaisonnement. Mélangez bien

c) Façonnez le mélange de pois chiches en 6 galettes et saupoudrez-les légèrement de farine. Ajoutez-les dans la poêle et laissez cuire quelques minutes .

90. Beignets de maïs et de poivrons

Rendement : 12 beignets

INGRÉDIENTS

- 1¼ tasse Maïs en grains entiers, frais ou congelé
- 1 tasse Poivron rouge finement haché
- 1 tasse Oignons verts; finement hachés
- 1 cuillère à café Jalapeño; finement haché
- 1 cuillère à café Cumin moulu
- 1¼ tasse de farine
- 2 cuillères à café Levure chimique
- Sel; au goût
- Poivre noir; au goût
- 1 tasse Lait
- 4 cuillères à soupe d'huile

INSTRUCTIONS

a) Mettez le maïs dans un bol à mélanger avec le poivron haché, les oignons verts et le piment.

b) Saupoudrez de cumin, de farine, de levure chimique, de sel et de poivre et mélangez. Ajoutez le lait et mélangez bien.

c) Versez la pâte par lots de ¼ tasse dans la poêle et faites cuire jusqu'à ce qu'elle soit dorée des deux côtés, environ 2 minutes chacun.

91. Beignets de Hanoucca

Rendement : 1 portion

INGRÉDIENTS

- 2 Levure, enveloppes sèches actives Eau tiède
- 2½ tasses Farine; non blanchie jusqu'à 3 Sel
- 2 cuillères à café Graines d'anis
- 2 cuillères à soupe   d'huile d'olive
- 1 tasse Raisins secs; noirs sans pépins
- 1 tasse Huile d'olive pour la friture
- 1½ tasse Chéri
- 2 cuillères à soupe Jus de citron

INSTRUCTIONS

a) Mélanger la farine, le sel et les graines d'anis dans un bol. Ajouter progressivement la levure dissoute et les 2 cuillères à soupe d'huile d'olive . Pétrir jusqu'à obtenir une pâte lisse et élastique.

b) Répartir les raisins secs sur le plan de travail et pétrir la pâte par-dessus. Former une boule .

c) Faites chauffer l'huile et faites frire les diamants quelques-uns à la fois, en les retournant, jusqu'à ce qu'ils soient dorés des deux côtés.

d) Faites chauffer le miel dans une casserole avec 2 cuillères à soupe de jus de citron et laissez bouillir pendant 3 minutes. Disposez-les sur une assiette de service et versez le miel chaud dessus.

92. Beignets de noix de pécan enrobés de chocolat

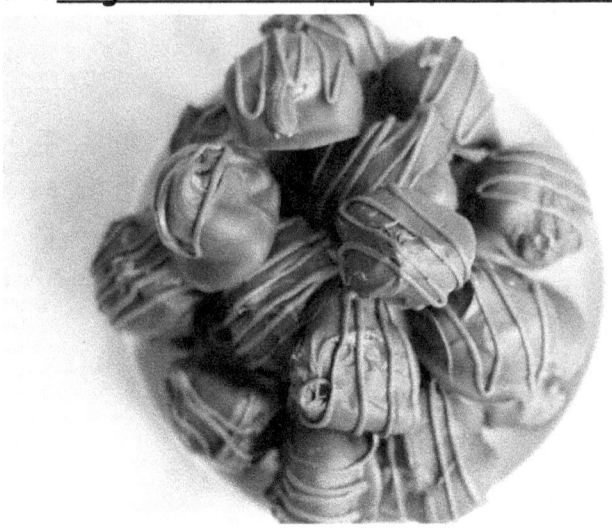

Rendement : 4 douzaines

INGRÉDIENTS

- 2 paquets de caramels à la vanille; 6 oz chacun.
- 2 cuillères à soupe de lait évaporé
- 2 tasses de moitiés de noix de pécan
- de 8 onces   , coupée en carrés
- ⅓ Barre de paraffine ; cassée en morceaux

INSTRUCTIONS

a) Mélanger les caramels et le lait dans le bain-marie et chauffer jusqu'à ce que les caramels fondent en remuant constamment. Battre avec une cuillère en bois jusqu'à ce que le mélange soit crémeux. Incorporer les pacanes. Déposer une cuillerée à café sur du papier ciré beurré et laisser reposer 15 minutes.

b) Mélanger le chocolat et la paraffine au bain-marie ; chauffer jusqu'à ce que le mélange soit fondu et lisse, en remuant de temps en temps.

c) À l'aide d'un cure-dent, tremper chaque beignet dans le mélange de chocolat

d) Placer sur du papier ciré pour refroidir.

93. Beignets de choux

Rendement : 1 portion

INGRÉDIENTS

- ½ tasse de beurre ou de margarine
- 1 tasse d'eau bouillante
- ¼ cuillère à café de sel
- 1¾ tasse de farine
- 4 œufs
- 4 tasses d'huile végétale; (12 oz.)
- Sucre en poudre

INSTRUCTIONS

a) Mélanger le beurre, l'eau bouillante, le sel et la farine dans une casserole à feu moyen. Battre vigoureusement le mélange jusqu'à ce qu'il se détache des parois de la casserole et forme une boule. Retirer du feu et laisser refroidir légèrement. Verser dans un mixeur ou un robot culinaire avec une lame en acier et ajouter les œufs un à un, en battant bien après chaque ajout. Lorsque tous les œufs ont été ajoutés et que le mélange est épais, il doit conserver sa forme lorsqu'on le soulève avec une cuillère.

b) Trempez d'abord une cuillère à soupe dans l'huile chaude, puis dans la pâte.

c) Déposez délicatement une cuillerée à soupe de pâte dans l'huile chaude et faites cuire jusqu'à ce qu'elle soit dorée de tous les côtés. Retirez-la de l'huile à l'aide d'une écumoire et égouttez-la sur du papier absorbant.

94. Beignets de pudding de Noël

Rendement : 1 portion

INGRÉDIENTS

- 25 grammes de   farine auto-levante
- 125 millilitres de bière
- 125 millilitres de lait
- 125 millilitres d'eau froide
- 1 reste de pudding de Noël
- 1 farine ordinaire
- 1 friteuse avec huile

INSTRUCTIONS

a) Mélanger les quatre premiers ingrédients pour faire une pâte. Laisser reposer 20 minutes.

b) Chauffer la friteuse à 180°C.

c) Coupez le pudding en cubes ou en bâtonnets, roulez-le dans la farine puis plongez-le dans la pâte. Faites-le frire jusqu'à ce qu'il soit doré.

d) Égoutter sur un torchon et servir.

95. Beignets français

Rendement : 1 portion

INGRÉDIENTS

- 2 œufs; séparés
- ⅔ tasse de lait
- 1 tasse de farine tamisée
- ½ cuillère à café de sel
- 1 cuillère à soupe de beurre fondu
- 2 cuillères à soupe de jus de citron
- 1 citron; zeste râpé
- 2 cuillères à soupe de sucre
- 4 pommes ou oranges, ananas
- Figues ou poires

INSTRUCTIONS

a) Saupoudrez les tranches de fruits de votre choix avec le zeste de citron et le sucre et laissez reposer 2 à 3 heures. Égouttez et trempez-les dans la pâte à beignets fine.

b) Pâte : Battre au batteur les jaunes d'œufs, le lait, la farine, le sel, le beurre et le jus de citron. Incorporer les blancs en neige.

c) Frire dans la friteuse 375

d) Égouttez et servez chaud avec 10x de sucre, ou un sirop ou une sauce sucrée.

96. Beignets à l'érable

Rendement : 24 beignets

INGRÉDIENTS

- 3 œufs chacun
- 1 cuillère à soupe de crème
- ½ cuillère à café de sel
- 2 tasses de lait
- 2 cuillères à café de levure chimique
- 4 tasses de farine

INSTRUCTIONS

a) Mélanger la levure chimique et le sel avec la farine et ajouter le lait. Battre les œufs et la crème ensemble et incorporer au mélange de farine.

b) Déposez-les par cuillères à soupe dans la graisse chaude, chauffée à 370 °F et faites-les frire jusqu'à ce qu'elles soient cuites, environ 5 minutes.

c) Servir avec du sirop d'érable chaud.

97. Suvganiot

Rendement : 20 ou 25

INGRÉDIENTS

- 1 tasse d'eau tiède
- 1 paquet de levure sèche
- 1 cuillère à soupe de sucre
- 4 tasses de farine tout usage
- 1 tasse de lait chaud
- 1 cuillère à soupe de beurre non salé (fondu)
- 1 cuillère à soupe d'huile
- 1 œuf
- 2 cuillères à café de sel
- 3 cuillères à soupe de sucre
- Confiture à votre goût
- Sucre et cannelle à saupoudrer

INSTRUCTIONS

a) Mélanger les ingrédients de la levure et laisser reposer 10 minutes.

b) Mélanger le mélange de levure avec tous les ingrédients sauf la farine. Mélanger lentement la farine et bien travailler. Laisser reposer 3 heures. Faire frire dans l'huile chaude et profonde, en mesurant la pâte avec une grande cuillère.

c) Retournez-les une fois pour les faire dorer uniformément. Égouttez-les sur du papier absorbant. Une fois refroidis, remplissez-les de confiture et saupoudrez-les de sucre et de cannelle.

98. Beignets au vin

Rendement : 4 portions

INGRÉDIENTS

- 4 rouleaux de type bâton
- 200 grammes de farine (1 3/4 tasse)
- 2 oeufs
- ¼ litre de lait
- 1 pincée de sel
- Graisse pour friture
- ½ litre de vin OU de cidre
- Sucre au goût

INSTRUCTIONS

a) Mélangez la farine, les œufs, le lait et le sel pour obtenir une pâte. Coupez les petits pains en 4 tranches. Trempez les tranches dans la pâte, puis faites-les frire jusqu'à ce qu'elles soient dorées.

b) Disposez les beignets dans un bol et versez dessus du vin ou du cidre chaud et sucré. Laissez-leur le temps d'absorber le vin avant de servir.

99. Beignets à la cannelle

Rendement : 1 portion

INGRÉDIENTS

- 1 tasse d'eau chaude
- ⅓ tasse de shortening
- 2 tasses de farine
- ½ tasse de sucre
- 1 cuillère à soupe de cannelle
- Sel
- 2 cuillères à café de levure chimique
- Huile pour friture
- ¼ Cannelle
- ½ tasse de sucre en poudre

INSTRUCTIONS

a) Faire fondre le shortening dans l'eau chaude. Incorporer la farine, le sucre, la cannelle, le sel et la levure chimique. Bien mélanger. Former une boule et réfrigérer la pâte pendant au moins 1 heure. Chauffer 2,5 cm d'huile végétale à 195 °C dans une friteuse ou une poêle. Casser de petits morceaux de pâte et former des boules.

b) Faire frire pendant 3 à 4 minutes jusqu'à ce qu'elles soient dorées.

c) Retirer les beignets de l'huile chaude à l'aide d'une écumoire. Égoutter sur du papier absorbant et laisser refroidir quelques minutes sur une grille. Mélanger la cannelle et le sucre dans un bol. Rouler les beignets de cannelle chauds dans le mélange de sucre pour les enrober complètement. Servir chaud.

100. Beignets de maïs avec sauce piquante

Rendement : 8 portions

INGRÉDIENTS

- 2 gros œufs battus
- ¾ tasse Lait
- 1 cuillère à café Cumin moulu
- 2 tasses de farine
- Sel et poivre au goût
- 2 tasses Grains de maïs
- 3 cuillères à soupe Persil; haché

Sauce à l'orange épicée

- ½ tasse Marmelade d'orange
- 1⅜ tasse Jus d'orange frais
- 1 cuillère à soupe Gingembre; râpé
- ½ cuillère à café Moutarde façon Dijon

INSTRUCTIONS

a) Dans un bol, battre les œufs et le lait. Dans un autre bol, mélanger le cumin avec la farine. Assaisonner généreusement avec du sel et du poivre.

b) Battez le mélange d'œufs avec la farine à l'aide d'un fouet. Incorporez le maïs et le persil. Faites chauffer l'huile à 375°. Déposez le mélange de maïs dans la graisse chaude sans surcharger la poêle. Faites frire en retournant une fois, jusqu'à ce qu'il soit doré.

c) Retirer et égoutter sur du papier absorbant. Mélanger les ingrédients de la sauce et servir.

CONCLUSION

Sucré ou salé, le simple beignet est délicieusement polyvalent. Croustillant et chaud à la poêle, c'est notre façon préférée de déguster ce plat à base de pâte, en particulier dans le cadre d'un petit-déjeuner de week-end paresseux.

Avec un peu de soin, il est facile de préparer des beignets maison qui constituent un régal riche et décadent, adapté au petit-déjeuner, au dîner, au dessert ou simplement en guise de collation. Ce livre propose une grande variété de recettes de beignets à essayer qui plairont à coup sûr à presque tout le monde.

Avant de commencer à préparer des beignets, trouvez la pâte qui convient à votre cuisine et à vos papilles. Essayez cette recette de pâte de base qui utilise de l'huile de coco au goût léger pour une saveur rafraîchissante. Mélangez-y les différentes garnitures de votre choix, des garnitures sucrées et fruitées aux garnitures à base de viande et salées.

www.ingramcontent.com/pod-product-compliance
Lightning Source LLC
LaVergne TN
LVHW021655060526
838200LV00050B/2359